Sociedade de Economia
Mista & Despedida Imotivada

MARLÚCIA LOPES FERRO

Bacharel em Direito pela Universidade Federal do Ceará. Especialista em Direito Processual Civil, Processo Administrativo pela UFC e em Direito do Trabalho pela UNIFOR. Mestra em Direito Público e Doutoranda pela Universidade de Lisboa. Oficiala de Justiça do TRT da 7ª Região. Professora da UNIFOR das disciplinas de Direito do Trabalho, Processual Civil, Estágio III e IV e Supervisora de Estágio Externo. Advogada do Banco do Nordeste.

SOCIEDADE DE ECONOMIA MISTA & DESPEDIDA IMOTIVADA

EDITORA LTr
SÃO PAULO

Dados Internacionais de Catalogação na Publicação (CIP)
(Câmara Brasileira do Livro, SP, Brasil)

Ferro, Marlúcia Lopes
Sociedade de economia mista & despedida imotivada / Marlúcia Lopes Ferro. — São Paulo: LTr, 2007.

Bibliografia
ISBN 978-85-361-0893-3

1. Empregados — Dispensa — Brasil 2. Sociedades de economia mista — Brasil I. Título.

06-7060   CDU-34:334.723:331.13 (81)

Índices para catálogo sistemático:

1. Brasil: Despedidas imotivadas de empregados: Sociedades de economia mista: Direito
   34:334.723:331.13 (81)

2. Brasil: Sociedade de economia mista: Despedidas imotivadas de empregados: Direito
   34:334.723:331.13 (81)

(Cód. 3344.3)

© Todos os direitos reservados

EDITORA LTDA.

Rua Apa, 165 – CEP 01201-904 – Fone (11) 3826-2788 – Fax (11) 3826-9180
São Paulo, SP – Brasil – www.ltr.com.br

Maio, 2007

SUMÁRIO

Prefácio — Raimundo Bezerra Falcão 7
Introdução 9
1. Da Sociedade de Economia Mista 15
    1.1. Conceito 15
    1.2. Da natureza jurídica 28
    1.3. Do regime jurídico 34
2. Dos Princípios: Evolução e Normatividade 49
    2.1. Conceito 49
    2.2. A ausência de normatividade dos princípios à luz da hermenêutica antiga 50
    2.3. Das fases normativas dos princípios: jusnaturalista, positivista e pós-positivista 51
        2.3.1. Da fase jusnaturalista 51
        2.3.2. Da fase do positivismo jurídico e do ingresso dos princípios nos códigos como fonte normativa subsidiária 53
        2.3.3. Da fase do pós-positivismo — do tratamento dos princípios como direito 54
    2.4. As normas compreendem as regras e os princípios 56
    2.5. A contribuição de *Crisafulli* na normatividade dos princípios 57
    2.6. Critérios utilizados por *Alexy* para estabelecer a distinção entre regras e princípios 58
    2.7. Conflito entre regras e princípios resolve-se na dimensão da validade; a colisão de princípios na dimensão do valor 59
    2.8. A contribuição de *Dworkin* na elaboração das constituições 60
    2.9. Da necessidade dos princípios no ordenamento jurídico do Estado 62
3. Da Submissão das Sociedades de Economia Mista aos Princípios da Administração Pública e aos do Processo Administrativo 68
    3.1. Princípios da Administração Pública 70
        3.1.1. Princípio da legalidade 71

3.1.2. Princípio da impessoalidade 72
3.1.3. Princípio da moralidade 76
3.1.4. Princípio da publicidade 76
3.1.5. Princípio da eficiência 77
3.2. Princípios do processo administrativo propriamente dito 79
    3.2.1. Princípio da finalidade 79
    3.2.2. Princípio da motivação 79
    3.2.3. Princípio da razoabilidade 83
    3.2.4. Princípio da proporcionalidade 85
    3.2.5. Princípio da ampla defesa 85
    3.2.6. Princípio do contraditório 87
    3.2.7. Princípio da segurança jurídica 88
    3.2.8. Princípio da supremacia do interesse público 89
3.3. Dos efeitos da normatividade dos princípios 91

4. Da Utilização dos Princípios na Interpretação Constitucional 93

5. Do Ato de Despedida 114
5.1. Do ato de despedida da sociedade de economia mista como ato administrativo 114
5.2. Da necessidade de motivação dos atos de despedida do empregado de sociedade de economia mista 123
    5.2.1. Da compatibilização das regras trabalhistas com a motivação dos atos de despedida do empregado da sociedade de economia mista 124
    5.2.2. Da necessidade de motivação do ato de despedida da sociedade de economia mista 137

Conclusão 157
Referências Bibliográficas 171

PREFÁCIO

As sociedades de economia mista desempenham, no Brasil e no mundo, um papel cada vez mais relevante, apesar da mentalidade privatizante que surgiu a partir de algum tempo e que, de certo modo, parece já começar a perder força, não obstante ainda perdure.

Tais sociedades apresentam facetas que as tornam entidades destinadas a não desaparecerem tão cedo do cenário econômico, e até mesmo do político, uma vez que nem sempre o atendimento dos interesses da coletividade, sobretudo em sua dimensão macroeconômica podem ser atendidos pelos investimentos privados. Isso acontece dada a circunstância de que, às vezes, o volume do investimento é tão elevado que os investidores privados não se aventuram — ou não se podem aventurar —, a alocar recursos suficientes para a dinamização de determinados setores econômicos, cuja existência se constitui em demanda efetiva da coletividade. Em outras ocasiões, mesmo havendo recursos disponíveis, inclusive por não serem deveras avultados os volumes de capitais a se aportarem, o empreendedor privado, por uma razão ou por outra não tem interesse em adentrar certos tipos de investimentos.

Por essas razões, o estudo, principalmente sob o ângulo jurídico, das sociedades de economia mista revela-se da maior importância, seja qual for a vertente em que mencionado estudo venha a ser desenvolvido. E se o campo percutido é o das relações laborais entre as companhias e seus empregados, as pesquisas que se façam tornam-se mais significativas ainda; porquanto, no bom tratamento e adequado cuidado que se tenha com este aspecto reside, em caráter primordial, o bem-estar da coletividade, especialmente no que tange ao bem-estar social, à justiça laboral e à paz que se busca venha a reinar no campo da vida dos nossos dias.

A semelhante respeito da prof.ª *Marlúcia Lopes Ferro* apresenta com o livro ora prefaciado inestimável contribuição a todos quantos se interessem pelo assunto de que estamos cogitando.

Ela começa sua obra, que temos a honra de, no momento, apresentar, seguindo uma metodologia elogiável, de uma feita que inicialmente expõe o problema e cuida da disposição do tema, que se reporta aos princípios do direito frente à necessidade de motivação do ato de despedida de empregado, na sociedade de economia mista. Depois conceitua essa espécie de empresa, delineia sua natureza jurídica e aborda os pontos atinentes ao regime jurídico das aludidas entidades empresariais. Em seguida vai sua curiosidade científica atingir o âmbito referente à evolução e à normatividade nas companhias, penetrando, inclusive na difícil questão vinculada à principiologia jurídica, que atualmente se afirma como um dos pilares mais robustos não somente dos estudos constitucionais, mas também de toda a amplitude da argumentação nos páramos da Ciência Jurídica.

Superada essa parte chega a Autora a descer a obra pormenorizada de todos os princípios sob cuja submissão se encontra a sociedade de economia mista, sem esquecimento de qualquer deles, notadamente, quando confirma a verdade de que não se há de passar ao largo das correlações que existem entre as companhias e a diretrizes norteadoras da Administração Pública e, por conseguinte do processo administrativo. Além disso, se faz sentir a relevância de que se reveste a hermenêutica e, em sua visualização *prática*, a tarefa de interpretar no campo dos mencionados entes empresariais, elaborando, neste tocante, uma breve, porém elogiável, digressão sobre a utilização dos princípios na interpretação constitucional pertinente.

Realiza, por fim, pedagógica e clara imersão no ato de despedida de empregado das sociedades de economia mista, demonstrando, em caráter facilmente constatável, que a despedida a qual se fez alusão há de ser devidamente motivada, sob pena de grave lesão aos cânones jurídicos trabalhistas e a repercussão social de tal procedimento.

De parabéns em conseqüência a Autora. Todavia, muito mais de parabéns encontram-se os eventuais leitores da obra cujo prefácio se está a terminar, pois, úteis, evidentes e indiscutíveis vantagens poderão ser auferidas de sua leitura.

Raimundo Bezerra Falcão

INTRODUÇÃO

A sociedade de economia mista foi criada como instrumento de ação do Poder Público, podendo, para tanto, explorar atividade econômica ou prestar serviços públicos. A Constituição só mencionou expressamente a função das empresas estatais em seu art. 173, § 1º, referindo-se à exploração de atividades econômicas, determinando em seu inciso II a sujeição ao regime jurídico próprio das empresas privadas quanto aos direitos e obrigações trabalhistas.

Causam, porém, estranheza e preocupação as interpretações incautas do artigo supramencionado, pois, com arrimo no argumento de que a Administração Pública, quando contrata sob o "regime celetista", equipara-se, em todos os direitos e obrigações, ao empregador particular, não estaria submetida aos princípios do regime jurídico administrativo.

Não obstante, a construção jurisprudencial do Tribunal Superior do Trabalho orientar-se no sentido de restringir direitos aos empregados públicos, assegurando ao administrador das empresas estatais liberdade na dispensa sem justa causa e imotivada, baseada em um suposto "direito potestativo", comprometendo a atividade administrativa desempenhada, surgem questionamentos relevantes para o deslinde da questão: qual o regime jurídico aplicável aos empregados públicos das sociedades de economia mista? Aplicam-se, ou afastam-se, os princípios ínsitos ao regime jurídico administrativo? Pode haver dispensa sem justa causa para os empregados públicos das empresas estatais? Em caso afirmativo, qual seria a natureza deste ato de dispensa sem justa causa? Seria ato regido exclusivamente pelas leis trabalhistas? Seria ato administrativo, impondo-se a observância de obrigatoriedade de motivação?

Surgiu o interesse diante das indagações postas, pelo estudo mais aprofundado sobre a necessidade de motivação dos atos de despedida do empregado de sociedade de economia mista. O cerne do presente estudo parte dos problemas oriundos de interpretações restritivas e meramente literais do mandamento constitucional do art. 173, § 1º, II, que podem resultar em excessiva simplificação das matérias concernentes aos empregados públicos, destacadamente a dispensa sem justa causa, com o risco de comprometer a verdadeira prestação jurisdicional esperada pelos jurisdicionados.

Há que se priorizar interpretações mais condizentes com a nova ordem constitucional, uma hermenêutica na qual se harmonizem os conteúdos arregimentados pela Carta Magna, com suas finalidades precípuas, propugnado-se pela sistematicidade e aplicação do princípio da unidade da Constituição. Em síntese: uma constituição há de ser interpretada de forma a evitar contradições entre suas normas, vedando a consideração insulada de um ou alguns de seus dispositivos. A adoção de tal hermenêutica é garantidora de direitos e garantias individuais de todos os agentes públicos, detentores de cargos ou de empregos públicos.

A bem da verdade, os encargos estatais viram-se ampliados com a insuficiência do Estado liberal clássico, o que obrigou o Estado a assumir vários papéis, dentre os quais o de regulador da vida socioeconômica, seja ditando normas, seja utilizando-se, na prática, do seu poder de polícia, seja descendo ao nível da iniciativa privada e indo atuar na área da produção de bens e serviços, pelos aportes de recursos e empreendimentos somente seus ou em parceria com o investidor da iniciativa privada.

É sobre esta visão do Estado-empresário que se tratará especificamente, abordando apenas uma dessa suas formas, qual seja, as sociedades de economia mista, quando serão tecidos comentários, com o fito de demonstrar, ao final, a necessidade de motivação dos atos de despedida nessas sociedades.

De início, será feito um estudo sobre cada um dos elementos caracterizadores do conceito de sociedade de economia mista, os quais podem ser resumidos como a reunião de aporte de capital público e privado, representação na direção da sociedade por ambas as partes que participam do capital (co-gestão), lucratividade e autorização por lei.

O caminho mais correto e seguro a ser trilhado passa, necessariamente, pela análise dos motivos da criação dos entes paraestatais (empresas públicas e sociedade de economia mista), pois é do conhecimento profícuo de suas gêneses que melhor se poderão avaliar os efeitos e conseqüências de seus atos.

Partindo-se dos elementos caracterizados do conceito das sociedades de economia mista, será feito um estudo sobre o seu conceito legal, o qual encontra assento no art. 5º, III, do Decreto-lei n. 200, de 25.2.1967, alterado pelo Decreto-lei n. 900, de 29.9.1969, e sobre as críticas feitas sobre o mencionado conceito com suas respectivas conceituações doutrinárias.

Será demonstrado, após a definição das sociedades de economia mista, que atualmente não cabem maiores discussões a propósito de sua natureza jurídica, sendo assente na doutrina sua natureza de pessoa jurídica de direito privado. Apesar, porém, da natureza privada, o regime jurídico a elas aplicáveis, como será visto, não é em sua plenitude o das entidades de direito privado, pois determinadas peculiaridades diferenciam-nas daquelas, tais como o controle externo dos seus atos pelo Tribunal de Contas da União, o ingresso em seu quadro de carreira, que só se faz mediante concurso, dentre outros pontos que serão demonstrados no corpo do trabalho.

Será tratado, posteriormente, o questionamento que originou o presente ensaio, ou seja, é necessária a motivação dos atos de despedida dos empregados de sociedade de economia mista? Ou, por conta de sua natureza jurídica de direito privado, estaria o empregador livre para despedir?

Nesta oportunidade, serão trazidas, dentro do estudo do regime jurídico aplicável às sociedades de economia mista as observações feitas por *Celso Antônio Bandeira de Mello* acerca do regime jurídico das mencionadas sociedades, com enfoque principal na solução do problema proposto.

Celso Antônio Bandeira de Mello, ao referir-se ao regime jurídico das empresas estatais, assinala que alguns traços caracterizadores do regime jurídico aplicável à sociedade de economia mista devem ser observados sob três ângulos: relações com a pessoa que as criou, com terceiros e internas. Sobre as duas primeiras serão feitos breves comentários, dando-se aprofundamento maior à última (relações internas), pois é exatamente dentro desse terceiro ângulo que serão estudados os motivos e os argumentos justificadores da necessidade de motivação dos atos de despedida das mencionadas sociedades.

De outra banda, na busca de demonstrar a melhor interpretação dos atos normativos que tratam especificamente do tema proposto, no caso os arts. 37 e 173, da *Lex Fundamentalis*, como diferente não poderia ser, cuida-se de lembrar que, nos dias atuais, vive o Direito a era dos princípios, assumindo estes posição hegemônica na pirâmide normativa. Por força desse fato, como o objetivo do presente trabalho é demonstrar a obrigatoriedade do cumprimento, dentre outros, do princípio da motivação no ato de despedida na sociedade de economia mista, será trazido à baila o conceito de princípio e um breve histórico das fases pelas quais ele passou até chegar ao seu reconhecimento como norma das normas, para, em seguida, concluir-se pela importância dos princípios como veículo dimensionador da compreensão e da aplicação do Direito na solução das lides.

Com efeito, na aplicação do Direito ao caso *in concreto,* tanto o julgador como os demais operadores do Direito, de uma forma em geral, estão sempre à procura do bem maior, que é a Justiça. É justamente nesse desiderato que se vai buscar no estudo sobre a normatividade dos princípios a solução, se não a definitiva, pelo menos a que, no sentir da pesquisadora, poderá em muito contribuir na solução dos conflitos, judiciais ou extrajudiciais.

É importante adiantar que o princípio seja expresso numa formulação legislativa ou, ao contrário, implícito ou latente num ordenamento, constitui-se em norma aplicável como regra de determinados comportamentos públicos ou privados.

Necessário é, também, trazer à baila os critérios diferenciadores entre princípio e regra, compreendidos os princípios como mandamentos de otimização. A sua principal característica consiste em que tais mandamentos podem ser cumpridos em distintos graus. As regras são normas que podem sempre ser satisfeitas ou não e, quando uma regra vale, então se há de fazer exatamente o que ela exige ou determina. Nem mais, nem menos.

O princípio, entretanto, não pode ser assim entendido, pois pode ocorrer que continue válido para aquela hipótese *in concreto*; todavia, existe um outro princípio que é mais aplicável àquele caso, e, nem por isso, citado princípio perdeu sua validade.

Segundo *Esser*, citado por *Paulo Bonavides*, *"princípios normativos são apenas aqueles institucionalmente eficazes, e o são na medida em que se incorporam numa instituição e só assim logram de eficácia positiva"*[1].

Essa normatização dos princípios aplicáveis à Administração Pública e ao processo administrativo ocorreu a partir da promulgação

---

(1) ESSER, 1964 *apud* BONAVIDES, Paulo. *Curso de Direito Constitucional.* 9ª ed. São Paulo: Malheiros, 2000, p. 242.

da Carta Política brasileira de 1988, e, de forma mais específica, com a edição da Lei n. 9.784/99.

Após, portanto, a normatização explícita dos princípios aplicáveis à Administração Pública e ao processo administrativo, que se deu com a promulgação da Lei n. 9.784/89, pode-se afirmar que os mencionados princípios passaram a lograr de eficácia positiva, sendo seu principal efeito a obrigatoriedade de sua observação na formalização dos atos administrativos, haja vista sua elevação em *norma normarum*, nas palavras do constitucionalista *Paulo Bonavides*, ou seja, norma das normas.

Empós, em face da pertinência do tema, será feita uma abordagem sobre a submissão da sociedade de economia mista aos princípios do processo administrativo e aos princípios da Administração Pública. Será demonstrado, ainda, que, após a normatização dos referidos princípios, seja no âmbito constitucional, seja no infraconstitucional, eles passaram a desfrutar de eficácia positiva; noutras palavras, adquiriram normatividade, e, conseqüentemente, assumiram o *status* de norma, tendo como principal efeito obrigar a sociedade de economia mista a observá-los na formalização dos seus atos administrativos.

Se todos os argumentos até aqui referidos, por si sós não fossem suficientes para justificar a necessidade de motivação dos atos de despedida das sociedades de economia mista, passa-se a examinar se referido ato pode ser abarcado pelo conceito de ato administrativo.

Após reconhecer-se que tais atos têm a natureza de ato administrativo, será feito um estudo da compatibilização das regras trabalhistas com o princípio da motivação, quando será demonstrado que, no caso de despedida de empregado público de sociedade de economia mista, deve ser afastada a despedida sem justa causa com previsão na Norma Celetista para dar lugar à despedida motivada com fulcro nos princípios constitucionais da Administração Pública e os insertos na Lei n. 9.784/99.

Ratificando mais uma vez a necessidade de motivação dos atos de despedida das sociedades de economia mista, será trazido, no último capítulo, o debate jurisprudencial sobre o tema, com citações de jurisprudências de tribunais regionais do trabalho ora favoráveis, ora desfavoráveis ao tema defendido. Será exposta a opinião do Tribunal Superior do Trabalho pelo acolhimento da despedida imotivada, para, finalmente, fazer-se o fechamento, com o estudo de dois casos práticos apreciados pelo Supremo Tribunal Federal, órgão de cúpula responsável pela pacificação das controvérsias da Constituição Federal, onde restou sedimentando, respectivamente, nos acórdãos STF-TP – Mandado de Segurança n. 21.322-1-DF e Recurso Extraordinário n. 1302062/210, o entendimento segundo o qual não cabe mais controvérsia acerca da interpretação a ser extraída da conjugação dos arts. 37 e 173, § 1º, II, no sentido de que as sociedades de economia mista estão submetidas às regras e princípios da ordem jurídico-constitucional, devendo, por via de conseqüência, motivar os seus atos de despedida.

Capítulo 1

DA SOCIEDADE DE ECONOMIA MISTA

1.1. Conceito

É imperioso, no que concerne aos antecedentes históricos sobre como surgiram as sociedades de economia mista, fazer-se uma busca sobre a evolução administrativa brasileira na Era Vargas.

Com efeito, nos idos de 1930, houve uma espécie de estatização do povo e da república. O novo regime vislumbrava uma aliança entre uma república com Estado forte e povo fraco. O restabelecimento das promessas republicanas, governo do povo, democracia representativa e cidadania, estava a depender do fortalecimento do Estado, que serviria de ponte para uma nova mudança de hábitos da República e da modernidade. Houve uma substituição nos costumes estatais o que antes era feito mediante as oligarquias locais passou a ser mediado pelo Estado, o qual assumiu a função menos absenteísta e mais participativa.

No início do período Vargas, havia uma desordem na Administração Pública, o que determinou urgente tomada de medidas que melhorasse tal situação. Pegando de empréstimo a visão de *Marcos Aurélio Nogueira* sobre o período de Vargas à Nova República, é assim resumido:

> O processo de formação do Estado no Brasil sempre conviveu com défcts em termos de gestão pública, reflexo de uma espécie de entropia no plano das relações entre as várias dimensões do fenômeno estatal e entre essas dimensões e a sociedade. Ao longo do tempo muitas vozes diagnosticaram a precariedade da Administração Pública brasileira, seu caráter patrimonialista e sua história de resistência à introdução de técnicas, procedimentos e estruturas organizacionais de tipo racional-legal, bem como, por extensão, sua ineficácia e sua ineficiência. Sempre foi muito fácil constatar a existência de descompassos e desajustes no coração mesmo do Estado, opondo o governar ao aparato administrativo e

comprometendo a *performance* governamental. A história da república presidencial federativa no Brasil, aliás, é inseparável dos esforços para atenuar tais descompassos e atualizar o aparato estatal, embora seja igualmente inseparável das bases (técnicas, políticas, culturais) que levaram à precarização da máquina administrativa brasileira.[1]

A Constituição de 1934, influenciada pela de Weimar, demonstrou os primeiros cuidados com a institucionalização da Administração Pública. O referido Texto Constitucional dedicou seis artigos ao regime dos funcionários públicos.

Com a ampliação do setor público, surgiu a necessidade de serem criados órgãos. Houve, entre 1930 e 1945, a formação de uma estrutura capaz de responder às exigências atuais. Começaram a surgir modelos, fulcrados no modelo racional de *Max Weber*, também conhecido como modelo burocrático.

O marco principal do modelo burocrático era o cuidado com a eficiência e o combate à corrupção e ao nepotismo patrimonialista[2]. Foi com fulcro nesse modelo que se baseou a reforma de 1930. Foram adotadas as hierarquizações, as normas abstratas, as relações interpessoais e a predominância do aspecto técnico.

Em que pesem algumas distorções, a reforma que teve início em 1930 gerou transformações no Brasil. Foram criados, em 1936, o Conselho Federal do Serviço Público Civil, por intermédio da Lei n. 284, de 28 de outubro. Em 1938, o Decreto Federal n. 579, de 30 de julho, criou o Departamento Administrativo do Serviço Público — DASP, cuja previsão encontrava amparo no art. 67 da Constituição Federal de 1937. O Conselho Federal do Serviço foi absorvido pelo DASP, tendo ficado este com um dos principais instrumentos para implantação e complementação da reforma em curso.

---

(1) NOGUEIRA, Marco Aurélio. *As possibilidades da política*: idéias para a reforma democrática do Estado. São Paulo: Paz e Terra, 1992, pp. 21-22.

(2) Na Administração Pública *patrimonialista*, o aparelho do Estado funciona como uma extensão do poder do soberano, e os seus auxiliares, servidores, possuem *status* de nobreza real. Não há separação entre a *res publica* e as *res principis*. Em conseqüência, a corrupção e o nepotismo são inerentes a este tipo de administração. No momento em que capitalismo e a democracia se tornam dominantes, o mercado e a sociedade civil passam a se distinguir do Estado. Neste novo momento histórico, a administração patrimonialista torna-se uma excrescência inaceitável. Ministério da Administração Federal e Reforma do Estado. *Plano Diretor da Reforma do Aparelho do Estado*, Brasília, 1995.

Apesar dos esforços envidados, o DASP não logrou êxito em colocar na prática a burocracia weberiana no Brasil. Em que pesem os esforços no sentido de moralização, com a instituição de concurso público e treinamentos, o Estado não conseguiu adotar uma política de recurso humano satisfatória. O patrimonialismo mantinha-se praticamente igual, o coronelismo abria espaço para o fisiologismo e o clientelismo, cujas raízes pareciam não querer acabar.

A partir de 1945, logo após a queda de Vargas, houve, contudo, um período de novas modificações, que se estendeu até 1964. É fato que o DASP não se prestou para o que fora criado. O que levou *Francis Lambert* a afirmar que "a principal causa do insucesso do DASP durante o Estado-Novo, quando gozou do apoio do governo central, é que procurou realizar uma tarefa para a qual estava completamente despreparado"[3].

O governo de Juscelino Kubitschek (1956 a 1960) fez reformas de maneira descentralizada, criou a Comissão de Simplificação Burocrática e a Comissão de Estudos e Projetos Administrativos. Instituiu no campo econômico a SUDENE — Superintendência do Desenvolvimento do Nordeste, o Conselho de Política Aduaneira e o Conselho de Desenvolvimento. Na área administrativa, nasceu a Escola Brasileira de Administração Pública, vinculada à Fundação Getúlio Vargas. Esse período foi caracterizado por algumas reformas de caráter globalizante e pela implantação de estruturas paralelas, como comissões, grupos de trabalho e de estudos. Seu fim primordial era o atingimento de metas governamentais, visando à industrialização e ao investimento do capital estrangeiro[4].

O período que se avizinhava, a década de 1950, não foi tão próspera, tendo ficado conhecida pela consolidação de uma opinião favorável ao planejamento econômico. Com efeito, a maior parte da reforma administrativa não obteve êxito na sua aprovação formal. Desenvolveram-se, porém, vários estudos, que resultaram em medidas concretas no campo da organização e funcionamento governamentais[5].

---

(3) LAMBERT, Francis. Tendências da reforma administrativa no Brasil. *Revista da Administração Pública*, Rio de Janeiro, v. 4, n. 1, p. 141, 1970.
(4) MENDONÇA, Maria Lírida Calou de Araújo e. *Entre o público e o privado*: as organizações sociais no Direito Administrativo brasileiro e participação democrática na Administração Pública. 2004. Tese (Doutorado) — Universidade Federal de Pernambuco, Recife, 2004, p. 49.
(5) WAHRLICH, Beatriz. A reforma administrativa no Brasil, experiência anterior, situação atual e perspectivas — uma apreciação geral. *Revista de Administração Pública*, Rio de Janeiro, v. 18 n. 1, jan./mar. 1984, pp. 49-59.

Vale ressaltar que no período que vai da Era Vargas, com início em 1930, a 1970, houve uma desconformidade entre as novas atividades assumidas pelo Estado e o progresso acelerado na área de tecnologia. A título de exemplo, pode ser citada a reforma desenvolvimentista, que se verificou nos países em desenvolvimento, no período de1960/ 1970. Esse período coincidiu com o golpe militar de março de 1964, que levou à queda do Presidente João Goulart e implantou a ditadura militar, começando uma nova fase administrativa no Brasil.

O golpe militar foi dirigido pelas forças armadas, que passaram a exercer o controle do aparelho do Estado. O Estado passou a controlar as organizações de classe, os meios de comunicação e a expressão de oposição ao governo, assegurando uma política econômica que levava ao sacrifício da classe trabalhadora, mantendo a exclusão social e econômica já vigente. A Carta Política de 1967 criou meios para que tudo isto continuasse, obrigando a uma modernização do aparelho estatal e à adoção de políticas econômicas claramente favoráveis à ação empresarial.

A reforma tão esperada reaparece em 1967, já em pleno regime autoritário militar, cuja melhor expressão foi o Decreto n. 200, 25.02.1967, que, de uma certa maneira, trouxe a idéia de um retorno a uma reforma administrativa programática e planejada. Alguns princípios estratégicos apoiaram o novo estatuto, como: planejamento, descentralização, coordenação e controle. Estimulava a expansão das empresas estatais e de pessoas jurídicas independentes, como as fundações e as autarquias "semi-independentes". O decreto anteriormente referido procurou estimular o sistema de mérito e buscou fixar diretrizes gerais para um novo plano de classificação de cargos[6].

Os governos militares tiveram como características o centralismo político e a intervenção do Estado no setor produtivo, mediante a expansão da administração indireta, criada na forma do Decreto-lei n. 200/67, que permitiu o crescimento das autarquias, das empresas públicas, a criação das sociedades de economia mista e das fundações.

O que se sabe é que a reforma burocrática[7] ainda não se completara; todavia, já se sentia que os princípios rígidos da Administração

---
(6) MENDONÇA, 2004, p. 52.
(7) *Administração Pública Burocrática* — "surge na segunda metade do século XIX, na época do Estado liberal, como forma de combater a corrupção e o nepotismo patrimonialista. Constituem princípios orientadores do seu desenvolvimento a profissionalização, a

Pública burocrática constituíam-se em empecilho ao desenvolvimento econômico do país.

O Decreto-lei n. 200/67 significou um instrumento de reforma que visou a substituir a Administração Pública burocrática por uma administração gerencial[8]. A partir desse normativo, a Administração Pública tentou superar a rigidez burocrática, dando ênfase à descentralização por meio da autonomia da administração indireta, do planejamento, do orçamento, da descentralização e do controle de resultados.

Urge salientar que resquícios da administração patrimonialista podiam ser vistos durante a vigência inicial do Decreto-lei n. 200/67, mormente quando ainda era permitida a contratação sem concurso público. É importante registrar, porém, que a reforma pretendida pelo referido Decreto-lei não se fez totalmente. Durante as duas primeiras décadas de vigência desse normativo, surgiram duas tendências contrárias: o centralismo, marcado pela concentração de poderes e recursos no plano federal e a descentralização no contexto administrativo, as quais visavam a tornar os entes da administração indireta mais eficientes frente às novas demandas econômicas. Tal fato trouxe como conseqüência, entretanto, o surgimento de um quadro burocrático altamente

---

idéia de carreira, a hierarquia funcional, a impessoalidade, o formalismo, em síntese, o poder racional legal. Os controles adminstrativos visando evitar a corrupção e o nepotismo são sempre *a priori*. Por isso, são sempre necessários controles rígidos dos processos, como, por exemplo, na admissão de pessoal, nas compras e no atendimento a demandas. A qualidade fundamental desta administração é a efetividade no controle dos abusos; seu defeito, a ineficiência, a auto-referência, a incapacidade de voltar-se para o serviço aos cidadãos vistos como clientes", *in* BRASIL, 1995, p. 20.

(8) *Administração Pública Gerencial* — "surgiu na metade do século XX, como resposta, de um lado, à expansão das funções econômicas e sociais do Estado e, de outro, ao desenvolvimento tecnológico e à globalização da economia mundial, uma vez que ambos deixaram à mostra os problemas associados à adoção do modelo anterior. A eficiência da Administração Pública — a necessidade de reduzir custos e aumentar a qualidade dos serviços, tendo o cidadão como beneficiário — torna-se essencial" [...] Ela é dirigida "(1) para a definição precisa dos objetivos que o administrador público deverá atingir em sua unidade; (2) para a garantia de autonomia do administrador na gestão dos recursos humanos, materiais e financeiros que lhe forem colocados à disposição para que possa atingir os objetivos contratados; e (3) para o controle ou cobrança *a posteriori* dos resultados. Adicionalmente, pratica-se a competição administrada no interior do próprio Estado, quando há a possibilidade de estabelecer concorrência entre unidades internas". [...] "O modelo gerencial tornou-se realidade no mundo desenvolvido quando através da definição clara de objetivos para cada unidade da administração, da descentralização, da mudança de estruturas organizacionais e da adoção de valores e de comportamentos modernos no interior do Estado, se revelou mais capaz de promover o aumento da qualidade e da eficiência dos serviços sociais oferecidos pelo setor público", *in* BRASIL, 1995, p. 24.

qualificado, a tecnoburocracia, que contrastava com o núcleo tradicional da burocracia[9].

O objetivo do Decreto-lei n. 200/67 era acompanhar o comando do projeto autoritário, mormente no que se referia à agilidade, eficiência e flexibilidade capazes de atender às exigências de um novo ciclo de expansão econômica. Houve um grande crescimento da administração indireta, causado principalmente pela perspectiva de adequar o Estado ao desenvolvimento. Considerando, portanto, que o governo autoritário tinha por missão promover o desenvolvimento a qualquer preço, isto levou a uma ampliação unilateral e melagomaníaca de criações de entes indiretos no montante de 530, até 1981, o que trouxe um enfraquecimento para administração direta[10].

Verifica-se, dessarte, que o Decreto-lei n. 200/67, que dispõe sobre a organização da Administração Federal, estabelece diretrizes para a Reforma Administrativa e dá outras providências teve o condão de introduzir na Administração Pública e no Direito Administrativo brasileiro as sociedades de economia mista, como integrantes da administração indireta, cujo principal objetivo inicial, como visto, era promover o desenvolvimento.

Feita esta introdução histórica sobre o surgimento das sociedades de economia mista, passa-se ao estudo, propriamente dito, do seu conceito.

A bem da verdade, no estudo dos institutos, é primordial entender-se o seu conceito. Daí por que a doutrina tem dedicado diversas páginas à discussão sobre o conceito de sociedade de economia mista, ora dando destaque à gestão compartida, ora fazendo avultar considerações atinentes à lucratividade ou a aspectos outros, de menor monta[11].

Apesar da imprecisão das leis que dão o contorno do conceito das sociedades de economia mista, elas e a doutrina em muito contribuem para uma melhor conceituação.

Raimundo Bezerra Falcão anota:

> [...] não se pense ter sido fácil a caracterização, cientificamente isenta da sociedade de economia. A caminhada não raro se vê

---

(9) MENDONÇA, 2004, p. 53.
(10) MENDONÇA, 2004, p. 54.
(11) FALCÃO, Raimundo Bezerra. As sociedades anônimas. *Revista de Direito Público*, São Paulo, ano 10, n. 51-52, pp. 316-318, jul./dez., 1979, p. 316.

coarctada por óbices vários, que lhe estreitam a trilha e desnorteiam o rumo. Os estudiosos amiúde se deixam, até sem querer, influenciar pela polêmica que os interesses econômicos ou políticos ousam plantar à margem da ciência, mas com respingos sobre ela. Se, de um lado, existe o perigo de o gigantismo estatal sufocar as liberdades fundamentais do homem, em nome da coletividade, por outro lado, não falta quem exagere essa perspectiva, no intuito de favorecer o capitalismo individualista, sempre ávido de maiores lucros e quase sempre pouco interessado na projeção social do ser humano. E isso, consciente ou inconscientemente, tem afetado a construção doutrinária e a normatização legislativa.[12]

É evidente que o conceito de sociedade de economia mista deve ser formado com auxílio da ciência do Direito, da Economia e da Sociologia.

Economia mista, como o próprio nome já deixa transparecer, é a reunião do capital financeiro privado e público para a exploração de um empreendimento econômico. Até aqui tem-se um conceito meramente econômico. Associe-se a expressão economia mista à palavra sociedade, e passa-se a ter um conceito sobre o cunho sociológico — sociedade — e sobre o elemento econômico — economia mista — sendo que o misto significa a compartição do capital público com o privado, podendo ser entendido, ainda, neste último aspecto, como mais um elemento social formador do conceito. "Ao conjunto desses dois elementos outorgou o Direito sua chancela, não se contentando simplesmente em juridicizá-lo, porém, aduzindo outros elementos: criação por lei, etc."[13]

Apesar da clareza dessa colocação, os autores insistem na qualificação das sociedades de economia mista, olvidando de sua essência. Os doutrinadores procuram conceituar o ser pelos seus qualificativos, ou seja, pela participação estatal majoritária ou não. Deixam de levar em consideração todo o objetivo econômico que reveste mencionadas sociedades, ou seja, a participação de recursos públicos e privados, objetivando a exploração de uma atividade econômica[14].

Há de se convir que existem vantagens em ser o Estado majoritário na formação do capital social em uma sociedade; mas, isto por si só não é suficiente para conceituá-la de forma completa. É o que se

---
(12) *Ibid.*, 1979, p. 317.
(13) FALCÃO, 1979, p. 316.
(14) *Ibid.*, p. 317.

pode chamar de "descompasso entre a idéia e a concretude, entre o conceito e as exigências práticas, vivenciais"[15].

Não é a maior ou menor participação estatal que definirá a utilidade dessas sociedades, pois existem outros fatores que, de acordo com o momento histórico, as características socioeconômicas do lugar e o setor a ser explorado, contribuirão para o sucesso dessa sociedade. Tudo dependerá de cada momento econômico vivido por um determinado grupo social.

Outro ponto que há de ser ressaltado é o referente à participação na administração da sociedade. Há de estar presente o interesse público, cuja defesa será feita pelos seus dirigentes ou pela supervisão governamental com direito a veto, por exemplo, das deliberações que possam contrariar interesses sociais da coletividade.

Para os defensores desse elemento, a característica principal da gestão da sociedade de economia mista, que situa tal fator como preponderante na conceituação das sociedades de economia mista, é a participação dos poderes públicos, ao lado dos particulares, na gestão desse organismo. Esta pode ser acompanhada de participação pública no capital; mas, pode existir sem ela.

Com efeito, não é razoável reduzir "economia mista" a uma simples "administração de empresa"[16]; ou, como pretende *Therhalle Marioné*, que a participação acionária do governo não se prestaria para caracterizar por si só as sociedades de economia mista[17].

O controle é necessário; entretanto, sua presença não exclui as demais características. São os controles os responsáveis pela inserção da sociedade de economia mista numa zona cinzenta, que nem é economia de mercado, propriamente dita, nem economia financeira plena, ficando no limbo, pois ora lhe são aplicadas as regras de direito público, ora as regras de direito privado.

É importante exprimir que a participação das pessoas de direito público na gestão das sociedades de economia mista é um dos elementos que a identificam. Não o único, pois, se assim fosse entendido, estar-se-ia cometendo o equívoco de tomar o todo apenas por uma parte.

---
(15) *Ibid.*, p. 317.
(16) FALCÃO, 1979, p. 318.
(17) BARROS LEÕES, 1979 a*pud* FALCÃO, *op. cit.*, p. 318.

Outro questionamento trazido pela doutrina sobre as sociedades de economia mista é a lucratividade.

Esse tema realmente é palpitante, em especial quando o objetivo maior da sociedade capitalista é o lucro.

Os mais pessimistas, porém, o colocam no rol dos problemas insolúveis. Seguindo esta linha, *Thurston* comenta:

> Há uma oposição fundamental entre o conceito de uma empresa privada organizada para proporcionar lucros aos seus acionistas e a empresa governamental, criada para prestar serviço. Qualquer tentativa para combiná-las, em nossos dias, quando os direitos de propriedade estão sendo amplamente desafiados, provavelmente resultará num conflito de interesses que produzirá resultados indesejáveis.[18]

No mundo de hoje, não existe mais espaço para os pessimistas, pois exige respostas e resultados rápidos. A evolução tem demonstrado que irá depender do contexto de cada época pela qual esteja passando o país, para poder se ter uma visão concreta sobre a questão ligada à lucratividade.

As palavras de *Raimundo Bezerra Falcão*, por si, são suficientes para demonstrar e comprovar que o lucro não é proibido, pelo contrário, é bem-vindo, desde que respeitado o limite do legal e do razoável, como se vê:

> Os métodos gerenciais a serem adotados dentro da sociedade de economia mista pautar-se-ão, assim, por técnicas modernas e avançadas, buscando sempre a almejada compatibilidade entre o desejo privado de lucro e o interesse público. A sociedade de economia mista não está proibida de ter lucro. Deve tê-lo, desde que na ânsia dele não esqueça a coletividade. É tempo de acabar com esta idéia ultrapassada de que sendo Administração Pública, é para dar prejuízo. Isso é reminiscência de um anacronismo que, antes de espelhar o acerto da Administração Pública, confirmava sua ineficiência. Lucros escorchantes é que se devem evitar. Ademais disso, se pode afirmar, sem medo de erro, que o lucro razoável também é de interesse público, porquanto o contrário seria malbaratar os recursos empregados pelas pessoas jurídicas de direito público. Noutras palavras, corresponderia

---

(18) THURSTON, 1937 *apud* FALCÃO, 1979, p. 319.

a malbaratar recursos empregados pela coletividade. E mais: o próprio desenvolvimento da sociedade, em si, pode ser de interesse coletivo também.[19]

Barros Leal acrescenta que "as sociedades de economia mista distinguir-se-iam das demais sociedades mercantis na medida em que, nelas, o ânimo lucrativo ver-se-ia coarctado pelo interesse público, num grau mais acentuado do que o é nas demais espécies societárias"[20].

Há de acrescer-se que o interesse de desenvolver a sociedade é interesse coletivo, pois ter-se-ia mais uma justificativa para que fossem dissipadas as dúvidas sobre se é da essencialidade ou não esse elemento na composição do conceito das sociedades de economia mista.

A lucratividade pode ser vista como uma conseqüência natural, não como o objetivo principal, pois, por vezes, o lucro que advém de uma sociedade de economia mista não é apenas o ligado ao econômico-financeiro; tem-se outras espécies de lucros, como o desenvolvimento da sociedade.

Outro aspecto que precisa ser analisado para a formação do conceito das sociedades de economia mista é a necessidade de criação por lei.

A exigibilidade da criação das sociedades de economia mista por lei especial está prevista no art. 5º, III, do Decreto-lei n. 200, de 25.2.1967. A redação originária do art. 37, inciso XIX, da Constituição Federal de 1988, também afirmava que "somente por lei específica poderão ser criadas empresa pública, sociedade de economia mista, autarquia ou fundação pública". Com a nova redação dada pela Emenda Constitucional n. 19, de 4.6.1998, segundo *Maria Sylvia Zanella di Pietro*, o que ocorreu foi uma correção na redação da lei, *verbis*:

> A Emenda Constitucional n. 19 corrigiu uma falha do art. 37, XIX, da Constituição, que exigia lei específica para criação de empresa pública, sociedade de economia mista, autarquia ou fundação. O dispositivo era criticado porque, em se tratando de entidades de direito privado, como a sociedade de economia mista, a empresa pública e a fundação, a lei não cria a entidade, tal como o faz com a autarquia, mas apenas autoriza a criação, que se processa por

---
(19) FALCÃO, *op. cit.*, p. 319.
(20) BARROS LEÕES, 1979 *apud* FALCÃO, *op. cit.*, p. 316.

atos constitutivos do Poder Executivo e transcrição no Registro Público. Com a nova redação, a distinção foi feita, estabelecendo o referido dispositivo que "somente por lei específica poderá ser criada autarquia e autorizada a instituição de empresa pública, de sociedade de economia mista e de fundação, cabendo à lei complementar, neste último caso, definir as áreas de sua atuação".[21]

Indene de dúvida, há uma tendência em aceitar-se o fato de que uma das características das sociedades de economia mista é a sua criação por lei, ou autorização por lei, num sentido técnico mais escorreito.

Em conclusão, pode ser afirmado que, para a formação do conceito da sociedade de economia mista, é necessária a presença conjunta dos seguintes elementos: I — reunião de aporte de capital público e privado; II — representação na direção da sociedade por ambas as partes que participam do capital; III — compatibilização do interesse público e privado, sem descurar da preocupação em manter a empresa sólida e comprometida com a rentabilidade condizente com a remuneração do capital investido; IV — autorização por lei especial.

O conceito legal de sociedade de economia mista está no art. 5º, III, do Decreto-lei n. 200, de 25.2.1967, alterado pelo Decreto-lei n. 900, de 29.9.1969, *verbis*:

> Art. 5º Para fins desta Lei, considera-se:
>
> [...]
>
> III – Sociedade de Economia Mista – a entidade dotada de personalidade jurídica de direito privado, criada por lei para a exploração de atividade econômica, sob a forma de sociedade anônima, cujas ações com direito a voto pertençam, em sua maioria, à União ou à entidade da administração indireta;
>
> [...]
>
> § 1º No caso do inciso III, quando a atividade for submetida a regime de monopólio estatal, a maioria acionária caberá apenas à União, em caráter permanente.

Para *Celso Antônio Bandeira de Mello*, a sociedade de economia mista federal há de ser entendida, nas suas palavras:

---

(21) DI PIETRO, Maria Sylvia Zanella. *Direito Administrativo*. 16. ed. São Paulo: Atlas, 2003, p. 383.

> [...] como pessoa jurídica cuja criação é autorizada por lei, como um instrumento de ação do Estado, dotada de personalidade de direito privado, mas submetida a certas regras especiais decorrentes desta sua natureza auxiliar da atuação governamental, constituída sob a forma de sociedade anônima, cujas ações com direito a voto pertençam em sua maioria à União ou entidade de sua Administração indireta, sobre o remanescente acionário de propriedade particular.[22]

Justifica *Celso Antônio Bandeira de Mello* a não-inclusão da dicção "exploração de atividade econômica", "para prevenir vários equívocos, posto que, entre nós tanto há sociedades que atuam nesta esfera, quanto há prestadoras de serviço público"[23]. Conclui que tal diferencial se faz importante, pois não é idêntico ao regime jurídico aplicável àquelas que atuam no exercício de uma atividade econômica e àquelas que prestam serviço público, conforme a própria Constituição de 1988 deixa transparecer ora explícita, ora implicitamente, como será visto adiante.

Hely Lopes Meirelles entende que o conceito legal de sociedade de economia mista é restritivo e incorreto, e argumenta, para tanto, que a União limitou-se ao impor-lhe a *forma de sociedade anônima*, quando poderia revestir a forma de qualquer outra sociedade. E continua:

> [...] ao confinar seu objeto no campo da *atividade econômica*, quando poderia realizar outras atividades ou serviços de interesse público; ao obrigar que o capital público votante seja *majoritário*, quando seria admissível fosse minoritário, desde que o governo viesse a conduzir, por outros meios, a atuação estatutária da sociedade. Agora, a Constituição de 1988 só permite a criação dessa sociedade mediante autorização por *lei específica*, o mesmo ocorrendo com suas subsidiárias e sua participação em outras companhias (art. 37, XIX e XX).[24]

O citado autor, a propósito do elemento participação estatal na composição do conceito das sociedades de economia mista, adverte, porém, para a noção de que nem toda participação estatal converte o

---

(22) MELLO, Celso Antônio Bandeira de. *Curso de Direito Administrativo*. 15. ed. São Paulo: Malheiros, 2003, p. 176.
(23) *Ibid.*, p. 178.
(24) MEIRELLES, Hely Lopes. *Direito Administrativo brasileiro*. 27. ed. São Paulo: Malheiros, 2002, p. 357.

empreendimento particular em sociedade de economia mista. "Pode o Estado subscrever parte do capital de uma sociedade sem lhe atribuir o caráter de empresa governamental."[25] O que define, segundo ele, é a participação majoritária ou minoritária do Estado "o que lhe importa é que se lhe reserve, por lei ou convenção, *poder de atuar* nos negócios sociais"[26].

O conceito de sociedade de economia mista na pena do citado administrativista leva em consideração os seguintes aspectos:

> As sociedades de economia mista são pessoas jurídicas de direito privado, com participação do Poder Público e de particulares no seu capital e na sua administração, para a realização de atividade econômica ou serviço público outorgado pelo Estado. Revestem a forma das empresas particulares, admitem lucro e regem-se pelas normas das sociedades mercantis, com as adaptações impostas pelas leis que autorizem sua criação e funcionamento. São entidades que integram a Administração indireta do Estado, como instrumentos de descentralização de seus serviços (em sentido amplo: serviços, obras, atividades).[27]

Como pessoa jurídica de direito privado, ela deve realizar em seu nome, por sua conta e risco, serviços públicos de natureza industrial, ou atividade econômica de produção ou comercialização de bens, suscetíveis de produzir renda e lucro, que o Estado reputa de relevante interesse coletivo ou indispensável à segurança nacional. Os fins maiores da descentralização é o de utilizar o modelo empresarial privado, seja para dar um melhor atendimento aos usuários do serviço público, seja para maior rendimento na exploração da atividade econômica[28].

Vê-se, por conseguinte, que, na formação do conceito das sociedades de economia mista, os doutrinadores lançam mão, senão de todos, pelo menos da grande maioria dos elementos dissecados no início desse tema: participação acionária do Estado, gestão da empresa por ambas as partes, lucratividade e criação por meio de autorização de lei específica para sua formação.

---

(25) *Ibid.*, p. 357.
(26) *Ibid.*, p. 357.
(27) *Ibid.*, p. 355.
(28) MEIRELLES, 2002, p. 356.

1.2. Da natureza jurídica

É importante tratar, antes de se falar da natureza jurídica de qualquer instituto, explicar qual o sentido da expressão *natureza jurídica;* ou seja, o que os juristas procuram quando se dispõem a investigar a *natureza jurídica* de um instituto.

De fato, quando os juristas indagam sobre a natureza jurídica de um instituto, vale dizer que eles estão à procura de sua "essência", "para, a partir dessa essência, classificarem-no em uma daquelas categorias gerais do direito, com o fim de determinarem as normas que lhe são aplicáveis"[29].

A definição de essência, segundo *Manfredo Araújo de Oliveira*[30], é a "configuração permanente de uma coisa, que se conserva através de todas as mudanças". Esta busca pela natureza jurídica dos institutos é imperiosa na medida em que se faz necessário saber quais as leis que lhe serão aplicáveis, pois, dependendo da natureza jurídica, diversos posicionamentos e conseqüências daí advirão.

Neste tópico será estudado se as sociedades de economia mista são pessoas jurídicas de direito público ou pessoas jurídicas de direito privado, ou se sua natureza é híbrida.

Caso seja levado em consideração somente o que está expresso no Direito positivo brasileiro, não haveria controvérsia, pois o art. 5º, III, do Decreto-lei n. 200, de 25.2.1967, diz textualmente que as citadas sociedades são pessoas jurídicas de direito privado; contudo, a realidade fática vem impondo discussões no campo científico se realmente a sua natureza é a exposta na legislação.

Registre-se, inicialmente, a noção de que a abordagem desse tema traz como conseqüência a lembrança de que não existe sequer concordância sobre qual seria a área de abrangência do direito público e do direito privado. Além disso, não existem critérios fixos e concordantes de identificação das pessoas jurídicas de direito público e de direito privado.

É incontestável que os fatos sociais e políticos da atualidade são bem diferentes da realidade político-social que influenciou *Ulpiano* a

---

(29) ROCHA, José Albuquerque. *Teoria geral do processo*. São Paulo: Malheiros, 1999, p. 178.
(30) OLIVEIRA, Manfredo Araújo de. Filosofia política: de Hobbes a Marx. *Síntese*, v. 33, pp. 37-60, 1985.

dividir o Direito em dois campos: o público e o privado. Daí por que, objetivando atender os reclamos da sociedade, o Estado ampliou de tal modo suas atribuições que os motivos daquela época já não se prestam mais para determinar os limites atuais do direito público e do privado[31].

A depender, portanto, o conceito de direito público e privado de critérios que mudam de conformidade com a evolução da sociedade, estes tornaram seu conceito variável no tempo e no espaço. "A divisão do Direito em Público e Privado é, portanto, tão volátil e variável, insuscetível de embasar uma classificação que se pretenda cientificamente segura."[32]

Essa mesma discussão é travada no que tange à classificação das pessoas jurídicas em públicas e privadas. Para efeito de classificação da pessoa jurídica em pública ou privada, podem ser usados, entre outros critérios, o finalístico e o do regime jurídico. Pelo primeiro, o finalístico, são públicas as pessoas que têm por escopo essencial a satisfação dos interesses coletivos; pelo segundo critério, do regime jurídico, são públicas as pessoas que se sujeitam a regime especial, informado por princípios peculiares ao Direito Administrativo.

A distinção entre pessoa jurídica pública e privada não termina aí. *Cretella Júnior*, percucientemente, assinala que:

> A pessoa jurídica pública é um sujeito de direito que, direta ou indiretamente, está, pela Constituição ou pela lei, unido ao Estado para integrar-lhe ou desenvolver-lhe a função, ora numa determinada parte do território, ora em determinadas matérias ou relações, ou, então, no interesse de uma comunidade com a qual se articula a atividade estatal.[33]

No entendimento de *Manoel Ribeiro*, inexistem critérios suficientes que por si só sejam bastantes para uma caracterização correta. Assim expõe seu pensamento:

> Um dos critérios é o que considera pessoa jurídica de direito público a que foi criada e é controlada pelo Poder Público. Não é, entretanto, satisfatório, porque há pessoas jurídicas que são criadas e controladas pelo Poder Público e que não são pessoas de

---

(31) FALCÃO, 1979, p. 322
(32) *Ibid.*, p. 322.
(33) CRETELLA JÚNIOR, José. *Curso de Direito Administrativo*. 3. ed. Rio de Janeiro: Forense, 1971, p. 39.

direito público. Outro critério existente é o de verificar se o ente tem poder de império ou de impor unilateralmente suas decisões. É enganoso o critério: as empresas concessionárias de serviço público, sendo pessoas de direito privado, agem como se fossem de direito público.[34]

Manoel Ribeiro, apesar de assim pensar, nomeia três tipos de Pessoas jurídicas de direito público: administrativa, previdenciária e industrial-comercial. De uma forma geral, são indicadas como elementos caracterizadores dessas entidades as circunstâncias de estarem sob a dependência direta do Estado. Ficam, segundo *Raimundo Bezerra Falcão*, porém, as indagações: o que é interesse público? É sempre possível dizer quando a entidade está sob a dependência direta do Estado? Concordando com *Marcelo Caetano* que, advertindo que ainda assim não considera como o mais perfeito, enumera como elementos caracterizadores das pessoas jurídicas de direito público:

a) a criação pelo Estado; b) existência necessária, isto é, extinção somente por ato do Estado; c) realização exclusiva do fim de interesse público para o qual foi criado o ente; d) caráter executório das decisões definitivas dos órgãos e conseqüente possibilidade do recurso contencioso; e) submissão dos atos praticados pelos seus órgãos à tutela administrativa; f) o direito de lançar impostos, de cobrar taxas, de polícia, de expropriação ou de requisição; g) enquadramento nas regras da contabilidade pública.[35]

Com efeito, "personalidade em Direito é sempre uma qualidade atribuída a um ser, seja um indivíduo humano, seja um centro artificialmente criado para a realização de interesses socialmente protegidos"[36]. Foi a necessidade de diminuir a sobrecarga que estava sobre o Estado que, por lei, determinou a criação de pessoas jurídicas com finalidade específica, ou seja, que existem para cuidar da realização de um dos interesses tirados do conjunto de atribuição do Estado a que estão ligadas. Por meio delas é que se tem a administração indireta. Mencionadas pessoas serão de "direito público quando sejam qualificadas por lei, ou, na ausência de qualificação, segundo o nosso critério, quando criadas por lei sejam dotadas para a realização de interesses públicos, de alguns poderes de autoridade"[37].

---

(34) RIBEIRO, 1964 *apud* FALCÃO, 1979, p. 322.
(35) FALCÃO, *op cit.*, p. 323.
(36) CRETELLA JÚNIOR, 1971, p. 39.
(37) FALCÃO, 1979, p. 323.

O tema que envolve a natureza jurídica das sociedades para M. T. de Carvalho Brito Davis é tormentoso:

> O tema é deveras tormentoso e sujeito a disceptações, o que não nos impedirá de, aceitando aquêles argumentos da "interpretação dos ramos do direito", bem como daquele outro que defende o caráter híbrido da s. e. m." (pertencente, ao mesmo tempo, ao domínio público e ao domínio privado — de filiar-nos resolutamente à corrente majoritária, composta dos que defendem a tese da personalidade jurídica de direito privado de tais entidades; pelo fato principal de revestirem elas da forma societária mercantil [...][38]

E conclui:

> Desejamos que fique definitivamente esclarecido que o fato de nos filiarmos àquela corrente, ou seja, a que considera a s. e. m. como um tipo intermediário de sociedade, não implica, absolutamente, no abandono da tese de que ela — ainda que sujeita aos dois ramos do direito (não interessando saber qual o domínio preponderante: se o público ou o privado) — se trata, inequivocamente, de uma entidade de direito privado.[39]

Apesar da divergência entre os autores sobre os elementos diferenciadores ou caracterizadores das pessoas jurídicas de direito público e privado é indene de dúvidas que ao final as sociedades de economia terminam por se enquadrar como de direito privado. Senão veja-se.

Maria Sylvia Zanella di Pietro é categórica ao afirmar que, quanto à natureza jurídica das sociedades de economia mista, as controvérsias doutrinárias pacificaram-se principalmente após 1967, primeiro porque a "Constituição, no art. 170, § 2º, determinava a sua submissão ao direito privado, de outro lado, tendo em vista o conceito contido no art. 5º, II e III, do Decreto-lei n. 200"[40].

Conforme afirmado pela autora, além dos fatores acima apontados, devem ser acrescentados outros, *verbis*:

> A isso tudo, acrescente-se outra razão de ordem técnico-funcional, ligada à própria origem desse tipo de entidade; ela foi idealizada, dentre outras razões, principalmente por fornecer ao poder público instrumento adequado para o desempenho de atividades

---

(38) CARVALHO BRITO, Davis, M. T. de. *Tratado das Sociedades de Economia Mista*. Rio de Janeiro: José Konfino, 1969, v. 1, p. 152.
(39) *Ibid.*, p. 152.
(40) DI PIETRO, 2003, p. 385.

de natureza comercial e industrial; foi precisamente a forma de funcionamento e organização das empresas privadas que atraiu o poder público. Daí a sua personalidade de direito privado.[41]

De fato, as controvérsias quanto à natureza jurídica da sociedade de economia mista fica no plano meramente conceitual, pois, sob o ponto de vista da legislação brasileira, isto encontra-se superado. Segundo *Maria Sylvia Zanella di Pietro*,"porém, o regime jurídico é híbrido, porque o direito privado é parcialmente derrogado pelo direito público"[42]. O fato de gozar de personalidade de direito privado retiraria a dúvida sobre quais legislações lhe são aplicáveis, daí por que a citada autora conclui que o Direito a ela aplicável "será sempre o direito privado, a não ser que se esteja na presença de norma expressa de direito público".

Essa derrogação do direito privado pelo direito público existe sempre que o Poder Público se utiliza de institutos de direito privado. No caso específico das sociedades de economia mista, essa derrogação é tão essencial que, na sua ausência, não haverá este tipo de sociedade, mas, apenas participação acionária do Estado[43].

A Constituição é que cuida de parte da derrogação aplicável às sociedades de economia mista, o que não significa dizer que as leis ordinárias e complementares, quer sejam de caráter genérico, aplicáveis a todas as entidades, quer de caráter específico, como, por exemplo, a lei que autoriza a criação dessas sociedades, não possam tratar sobre o tema.

A derrogação no campo federal há de respeitar as limitações constitucionais. No campo das esferas estadual e municipal, as derrogações têm que se limitar àquelas que tenham fundamento na Constituição ou em lei federal de âmbito nacional, como, por exemplo a Lei n. 8.666, de 21.6.1993, e a Lei das Sociedades por Ações. Demais derrogações não podem ser feitas por estados e municípios, visto que não têm competência para legislar sobre Direito civil e comercial.

As sociedades de economia mista são pessoas jurídicas de direito privado com certas conotações especiais, uma vez que, aqui e ali, submetem-se a regime de direito público, no que se relaciona com alguns aspectos de sua atuação[44].

---

(41) *Ibid.*, p. 385.
(42) *Ibid.*, p. 385.
(43) *Ibid.*, p. 385.
(44) FALCÃO, 1979, p. 323.

As controvérsias expostas dizem respeito a um enfoque conceitual, pois, conforme já acentuado, sob o ponto de vista legal da legislação brasileira, a questão já foi superada por expressa disposição legal (DL n. 200/67, art. 5º, III).

No entanto, é importante que se registrem, além dos já citados, alguns traços caracterizadores das sociedades de economia mista.

As sociedades de economia têm o seu fim determinado por intermédio da lei que as instituiu, não podendo modificá-la, por sua própria vontade, em finalidade diversa, sob pena de malferimento aos princípios da especialização e ao da própria legalidade.

Em nome dos princípios citados, não pode o Executivo, por meio de ato próprio, baixar normas dirigidas a essas entidades, conflitando com os objetivos ou com outros elementos definidos na lei instituidora. Lamentavelmente, isto ocorre na prática, sem que haja impugnação pela entidade, normalmente dirigida por pessoa da confiança do Chefe do Executivo; caberia ao acionista minoritário essa impugnação, fazendo valer do seu direito de ação perante o Poder Judiciário[45].

O art. 5º, III, do Decreto-lei n. 200, de 25.2.1967, determina que, quanto à forma de organização das sociedades de economia mista, deve ser estruturada sob a forma de sociedade anônima. Em reforço dessa determinação, a Lei das Sociedades por Ações, art. 235, igualmente, determina que "as sociedades de economia mista estão sujeitas a esta lei, sem prejuízo das disposições especiais de lei federal".

Vale ressaltar que, quanto às sociedades de economia no plano estadual e municipal, poderão ser criadas sob qualquer das formas de sociedade, uma vez que o Decreto-lei n. 200/67, a rigor, só é aplicável à Administração Pública federal, e não dispõe de competência para legislar sobre Direito Civil e Comercial.

Por último, é imperioso evidenciar que não basta a participação majoritária do Poder Público na entidade para que ela seja sociedade de economia mista, pois, consoante demonstrado, é essencial a participação na gestão da empresa e a "intenção de fazer dela um instrumento de ação do Estado, manifestada por meio da lei instituidora e assegurada pela derrogação parcial do direito comum. Sem isso, haverá empresa estatal, mas não haverá sociedade de economia mista"[46].

---

(45) DI PIETRO, 2003, p. 389.
(46) *Idem.*

Feita essa digressão, com o único objetivo de demonstrar alguns traços que são peculiares das sociedades de economia mista, será estudado, nessa segunda parte, o seu regime jurídico, com enfoque principal no questionamento, apresentando, inicialmente, se é possível despedida imotivada nas sociedades de economia mista.

1.3. Do regime jurídico

Hodiernamente, a Administração Pública brasileira é dividida no âmbito político-administrativo em federal, estadual, distrital e municipal e, no plano orgânico-estrutural, em direta e indireta. A segunda classificação enquadra as pessoas jurídicas e os órgãos que integram o complexo administrativo dentro de categorias, tendo em vista a natureza da atividade executada e a forma de prestação de serviços.

Considerando que o volume dos serviços públicos exigidos dentro de cada esfera da organização política é gigante, não poderia apenas uma pessoa jurídica estatal ter condições de desempenhá-los satisfatoriamente. É imprescindível, para assegurar o atendimento às necessidades sociais, descentralizar os serviços públicos, ou seja, transferir algumas atividades da entidade central para outras entidades que se não confundem com aquela. A atividade administrativa, portanto, pode ser executada diretamente pela pessoa jurídica pública central, por intermédio dos órgãos executivos da entidade estatal com autonomia político-administrativa (União, Estado-Membro, Distrito Federal ou Município) ou indiretamente por entidade distinta daquela.

A Administração Pública direta corresponde à gestão do serviço público pela própria entidade política que o desempenha. No âmbito formal, representa a estrutura executiva administrativa da pessoa jurídica estatal. No plano material, constitui a atividade realizada pela entidade política gestora. Por outro lado, a Administração Pública indireta representa a gestão de serviços públicos por pessoa jurídica interposta, isto é, a gestão pela via indireta por meio de entidade distinta do ente político-jurídico de existência necessária. Isto significa dizer que, embora sejam entes distintos, são criadas por pessoas políticas. Sob o aspecto formal, corresponde ao conjunto de entidades colaboradoras, de personalidade jurídica de direito público ou privado criadas por lei específica pela entidade política central para a execução de serviços públicos descentralizados. No plano material, equivale à rede destes mesmos serviços estatais descentralizados de interesse coletivo⁽⁴⁷⁾.

O ordenamento jurídico brasileiro elenca as entidades que compõem a Administração Pública direta e indireta no art. 4º, do Decreto-lei n. 200, de 25 de fevereiro de 1967⁽⁴⁸⁾.

De outra parte, é sabido que Administração Pública pode submeter-se a regime jurídico de direito privado ou a regime jurídico de direito público. Quem cuida de dizer qual o regime aplicável aos entes da Administração Pública, regra geral, no Brasil, é a Carta Política.

Dispõe o art. 173, § 1º, da Constituição Federal de 1988, que as sociedades de economia mista que explorem atividade econômica sujeitam-se "ao regime jurídico próprio das empresas privadas, inclusive quanto aos direitos e obrigações civis e comerciais, trabalhistas e tributárias", ou seja, estão sujeitas às normas de direito privado.

O art. 175 da Carta Política de 1988 concede ao Poder Público a obrigação de prestar serviço público, seja diretamente ou sob o regime de concessão ou permissão, ficando a cargo da lei ordinária a tarefa de fixar o regime das empresas concessionárias e permissionárias de serviços públicos, o caráter especial de seu contrato, de sua prorrogação, bem assim a execução, fiscalização e rescisão da concessão ou permissão.

A propósito dos conceitos de serviço público e de atividade econômica, adota-se o ponto de vista de *Roberto Eros Grau*, para quem é importante distinguir *intervenção* (atuação estatal no campo da atividade *econômica em sentido estrito*) e *atuação estatal* (ação do Estado no campo da *atividade econômica em sentido amplo*). Nesse sentido, assim dá seu magistério:

> É que, por um lado, a Constituição de 1988 aparta, a ambos conferindo tratamento peculiar, *atividade econômica* e *serviço público*. No art. 173 enuncia as hipóteses em que é permitida a exploração direta de "atividade econômica" pelo Estado, além de no § 1º

---

(47) TEIXEIRA, Sérgio Torres. *Proteção à relação de emprego*. São Paulo: LTr, 1998, pp. 319-320.
(48) Art. 4º A Administração Federal compreende: I — a Administração Direta, que se constitui dos serviços integrados na estrutura administrativa da Presidência da República e dos Ministérios; II — a Administração Indireta, que compreende as seguintes categorias de entidades dotadas de personalidade jurídica própria: a) autarquias; b) empresas públicas; c) sociedades de economia mista; d) fundações públicas.

deste mesmo art. 173[49], indicar regime jurídico a que se sujeitam empresa pública, sociedade de economia mista e outras entidades (entidades estatais, naturalmente), que "explorem atividade econômica". No art. 175 define incumbir ao Poder Público a prestação de "serviços públicos". Além disso, o art. 174 dispõe sobre a atuação do Estado como agente normativo e regulador da "atividade econômica". A necessidade de distinguirmos *atividade econômica* e *serviço público* é, assim, no quadro da Constituição de 1988, inquestionável.[50]

Nessa mesma linha de raciocínio, continua:

Por outro lado, como a expressão "ordem econômica", no contexto do art. 170 do Texto constitucional, é conversível nas expressões "relações econômicas" ou "atividade econômica", cumpre-nos precisar, também, que *atividade econômica* é esta, que deve ser fundada na valorização do trabalho humano e na livre iniciativa, tendo por fim (fim dela, *atividade econômica)* assegurar a todos existência digna, conforme os ditames da justiça social, observados os seguintes princípios ...[51]

Observe-se que inexiste oposição entre *atividade econômica* e *serviço público*, incluindo-se, pelo contrário, na segunda expressão, o primeiro conceito. Com efeito, a prestação de serviço público está voltada à satisfação de necessidades, o que envolve a utilização de bens e serviços, recursos escassos. Daí poder-se afirmar que o serviço público é um tipo de atividade econômica, cujo desenvolvimento compete preferencialmente ao setor público; não exclusivamente, perceba-se, visto

---

(49) CF/88 — Art. 173. Ressalvados os casos previstos nesta Constituição, a *exploração direta de atividade econômica pelo Estado* só será permitida quando necessária aos imperativos da segurança nacional ou a relevante interesse coletivo, conforme definidos em lei. [...] § 1º *A lei estabelecerá o estatuto jurídico* da empresa pública, da *sociedade de economia mista* e de suas subsidiárias que *explorem atividade econômica* de produção ou comercialização de bens ou de prestação de serviços, dispondo sobre: [...] II — *a sujeição ao regime jurídico próprio das empresas privadas, inclusive quanto aos direitos e obrigações civis, comerciais, trabalhistas e tributários [...].* Art. 174. Como agente normativo e regulador da atividade econômica, o Estado exercerá, na forma da lei, as funções de fiscalização, incentivo e planejamento, sendo este determinante para o setor público e indicativo para o setor privado.[...]. Art. 175. Incumbe ao Poder Público, na forma da lei, diretamente ou sob regime de concessão ou permissão, sempre através de licitação, a prestação de serviços públicos [...].
(50) GRAU, Eros Roberto. *A ordem econômica na constituição de 1988.* 2. ed. São Paulo: Revista dos Tribunais, 1991, p. 138.
(51) *Ibid.*, p. 138.

que o setor privado presta serviço público em regime de concessão ou permissão.[52]

Eros Roberto Grau, na tentativa de solucionar a problemática ocasionada pela Constituição de 1988 quanto à expressão atividade econômica, salienta que "o serviço público está para o setor público assim como a atividade econômica está para o setor privado". Destaca que, no trecho aqui transcrito a expressão atividade econômica assume sentidos diversos: "ao afirmar que o serviço público é tipo de atividade econômica, a ela atribui a significação de gênero no qual se inclui a espécie, *serviço público*. Ao afirmar que o serviço público está para o setor público assim como a atividade econômica está para o setor privado, a ela atribui a significação de espécie."[53] Daí a conclusão de que o gênero — atividade econômica em sentido amplo — compreende duas espécies: o serviço público e a atividade econômica em sentido estrito.

Urge salientar que, no art. 173, e seu § 1º, a expressão atividade econômica é usado no seu sentido estrito. Trata-se de atuação do Estado, isto é, União, Estado-Membro ou Município, como agente econômico, em área cuja titularidade pertence ao setor privado. Lembra-se que a atividade econômica em sentido amplo é dividida em dois campos: o do serviço público e o da atividade econômica em sentido estrito. As hipóteses indicadas no art. 173 da Carta Política de 1988 são aquelas nas quais é permitida a atuação da União, dos Estados-Membros e dos Municípios neste segundo campo.

De igual modo, no § 1º do art. 173 da Constituição, a expressão atividade econômica tem sentido estrito: determina que fiquem sujeitas ao regime próprio das empresas privadas, inclusive quanto às obrigações trabalhistas e tributárias. No entender de *Eros Roberto Grau*, isto significa que as sociedades de economia mista "estão sujeitas não às normas aplicáveis às empresas privadas, mas ao regime jurídico próprio delas, e não inclusive quanto ao direito do trabalho e ao das obrigações, mas inclusive quanto às obrigações trabalhistas e tributárias"[54]. Isto não quer dizer que, por estarem regidas pelo regime trabalhista, estariam desobrigadas do cumprimento das demais normas.

---

(52) *Ibid.*, p. 139.
(53) *Ibid.*, p. 139.
(54) GRAU, 1991, p. 141.

A bem da verdade, as sociedades de economia mista — entidade integrante da Administração Pública indireta — antes de se encontrarem sujeitas ao regime trabalhista, estão subordinadas à Constituição e à lei. Em outras palavras, elas se encontram vinculadas ao princípio da legalidade ou princípio da juridicidade da administração, segundo o qual todo o Direito e, desde logo, todas as regras e princípios da ordem jurídico-constitucional, devem ser tomados em conta na atividade da Administração Pública.

Sobreleva lembrar que, no Estado de Direito Liberal, afirmava-se a sujeição da Administração Pública à lei, no sentido de que ela era entendida como o limite da ação administrativa. Era o que se chamava de formulação negativa; a ação do administrador era limitada pela lei de forma negativa; ou seja, podia fazer tudo aquilo que o rei entendesse; todavia, só podia ofender direitos de particulares com fundamento numa lei anterior. Nos dias atuais, o princípio da legalidade é não apenas um limite da ação administrativa, mas também o seu verdadeiro fundamento, só podendo a Administração Pública agir se e na medida em que a norma jurídica lho permitir. Assim, há, hoje, duas dimensões diferentes do princípio da legalidade: princípio da legalidade negativa, expresso mediante o princípio da prevalência da lei e o princípio da legalidade positiva, traduzido no princípio da precedência de lei (preferência de lei). Este impede que a Administração atue *contra legem*, ou seja, nenhum ato inferior à lei pode contrariá-la. Aquele (reserva legal) impede que a administração se conduza *praeter legem*[55], o que significa dizer que nenhum ato de categoria inferior à lei pode ser praticado sem fundamento nela[56].

Dessarte, como diferente não poderia ser, por força do art. 173, § 1º, II, da *Lex Fundamentalis*, aplica-se às sociedades de economia mista o regime jurídico próprio das empresas privadas. Vale de logo adiantar, contudo, que, em nome do princípio da legalidade, só será aplicado o regime jurídico privado onde não estiver expressamente derrogado por norma de ordem pública. Esta interpretação é extraída do princípio da legalidade, segundo o qual toda atividade da Administração Pública encontra-se submetida às regras e princípios da ordem jurídico-constitucional. Tanto isto é verdade que o presente trabalho tem por

---

(55) NUNES Rodrigues. *Dicionário Jurídico RG – Fenix*. 5. ed. São Paulo: Ed. Associados, 1997, p. 424. *Praeter Legis*: sem lei, fora da lei, além da lei.
(56) ESTORNINHO, Maria João do Rosário. *A fuga para o direito privado*. Coimbra: Livraria Almedina, 1999, pp. 175-176.

objetivo demonstrar que a sociedade de economia mista, quando despede empregado do seu quadro de pessoal, afasta-se do regime jurídico privado para dar lugar ao regime jurídico público. Assim, apesar de estar jungida às regras trabalhistas, está de igual forma obrigada pelos princípios da Administração Pública e pelos princípios que regem o processo administrativo, daí por que encontrar-se obrigada a motivar o referido ato, conforme será demonstrado logo mais à frente.

Nesse diapasão, *Maria Sylvia Zanella di Pietro* adverte que a Administração, quando emprega modelos privatísticos, não é integral a sua submissão ao direito privado; às vezes ela se nivela ao particular, "no sentido de que não exerce sobre ele qualquer prerrogativa de Poder Público; mas nunca se despe de determinados privilégios, como o juízo privativo, a prescrição qüinqüenal, o processo especial de execução, a impenhorabilidade de seus bens".[57] Submete-se, porém, as "restrições concernentes à competência, finalidade, motivo, forma, procedimento, publicidade"[58]. Apesar disso tudo, às vezes, mesmo utilizando o direito privado, conserva certas prerrogativas, que "derrogam parcialmente o direito comum, na medida necessária para adequar o meio utilizado ao fim público".[59]

Afirma-se, assim, que a expressão regime jurídico da Administração Pública pode ser entendida para designar os regimes de direito público e de direito privado a que pode por determinação legal se submeter a Administração Pública. Regime jurídico administrativo é, todavia, "reservado tão-somente para abranger o conjunto de traços, de conotações, que tipificam o Direito Administrativo, colocando a Administração Pública numa posição privilegiada, vertical, na relação jurídico-administrativa"[60].

Com efeito, o regime jurídico administrativo caracteriza-se por condensar um conjunto de princípios e regras que conformam um complexo ordenamento jurídico aplicável à Administração Pública e suas manifestações. O regime administrativo tem por fim indicar quais normas jurídicas devem ser aplicadas, os princípios que norteiam sua interpretação, de forma que fiquem mantidas a unicidade e a logicidade do sistema a ele reflexo[61].

---

(57) DI PIETRO, 2003, p. 64.
(58) *Ibid.*, p. 64.
(59) *Ibid.*, p. 64.
(60) *Ibid.*, p. 64.
(61) FREITAS, Ney José de. *Dispensa de empregado público e o princípio da motivação*. Curitiba: Juruá, 2002, p. 59.

Na pena de *Ney de José de Freitas*, no entanto, "a noção de regime jurídico administrativo não se incorporou à nossa prática administrativa, pois, não raro, observam-se condutas em total desacordo com as orientações doutrinárias a respeito deste instituto". Dentro dessa sua linha de raciocínio, conclui, citando *Lúcia Valle de Figueiredo*, que a consagração de um regime jurídico aplicável à Administração Pública teria, quando menos, a possibilidade de estabelecer, dentro dos limites do possível, uma distinção entre o direito público e o direito privado. E arremata, afirmando que a função administrativa constitui o campo de aplicação de um regime jurídico concreto e específico, que confere objeto próprio a esta parcela publicística da ciência do Direito. Enquanto isso o Direito Administrativo versa, pois, sobre o regime jurídico da função administrativa. O regime jurídico administrativo compreende as formas jurídicas e as relações jurídicas do serviço administrativo estatal[62].

As sociedades de economia mista são instrumentos de ação do Estado, tendo como traço caracterizador destas pessoas o de serem "auxiliares do Poder Púbico; logo são entidades voltadas, por definição, à busca de interesses transcendentes aos meramente privados"[63].

Esta realidade jurídica e fática é, segundo as palavras de *Celso Antônio Bandeira de Mello*, "o critério retor para interpretação dos princípios jurídicos que lhes são obrigatoriamente aplicáveis, pena de converter-se o *acidental* — suas personalidades de direito privado — em *essencial* — e o essencial — seu caráter de sujeitos auxiliares do Estado — em acidental"[64].

É importante observar que os reais objetivos das pessoas jurídicas de direito privado criadas pelo Estado são completamente diferentes das demais pessoas jurídicas de direito privado, a começar pelo próprio interesse, que no primeiro caso é coletivo e no segundo é individual, daí por que o regime a ser aplicado há de ser objeto de limitações, conforme expõe *Celso Antônio Bandeira de Mello*:

> Como os objetivos estatais são profundamente distintos dos escopos privados, próprios dos particulares, já que almejam o bem-estar coletivo e não o proveito individual, singular (que é perseguido pelos particulares), compreende-se que exista um abismo profundo entre as entidades que o Estado criou para secundá-lo

---
(62) FREITAS, 2000, p. 59.
(63) MELLO, 2003, p. 189.
(64) *Ibid.*, p. 179.

e as demais pessoas de direito privado, das quais se tomou por empréstimo a forma jurídica. Assim, o regime que a estas últimas naturalmente corresponde, ao ser transposto para empresas públicas e sociedades de economia mista, tem que sofrer — também naturalmente — significativas adaptações, em atenção a suas peculiaridades.[65]

Concorda-se com *Celso Antônio Bandeira de Mello*, pois, se assim não fosse, na hipótese de as sociedades de economia mista poderem gozar das liberdades que desfrutam as empresas privadas comuns, com certeza, tal possibilidade, poderia levar a um comprometimento de seus objetivos e de suas funções essenciais, "instaurando-se, ademais, sério risco para a lisura no manejo de recursos hauridos total ou parcialmente nos cofres públicos"[66]. Com efeito, o regime de direito privado não impõe o conjunto de restrições instauradas em atenção aos interesses públicos.

No início, era defendido o argumento de que, pelo fato da natureza jurídica das sociedades de economia mista ser de direito privado, as sociedades de economia mista estariam livres para fazer o que a lei não proibisse expressamente, estando quanto ao mais igualadas às demais pessoas jurídicas de direito privado. Este entendimento prevaleceu, durante algum tempo, apesar de não ser unânime, vindo a respaldar, inclusive, a compreensão de que as citadas entidades estariam livres da obrigação de licitar, razão por que os contratos para obras públicas mais vultosas eram travados ao sabor dos dirigentes de tais empresas ou mediante arremedos de licitação. Esta prática tinha por fim o desvio de dinheiro para atividades que não eram de interesse público, por exemplo, propaganda governamental.

A admissão de pessoal era efetuada sem concurso público, transformando as estatais em verdadeiros cabides de emprego. As aposentadorias eram decididas de conformidade com os interesses pessoais, porquanto as decisões partiam dos próprios interessados, em condições muito mais vantajosas do que as do sistema nacional de previdência ou do próprio regime previdenciário do setor público. Realmente, não poderiam prevalecer tais abusos, dentre outros.

Lamentavelmente, o Brasil ainda carece de lei para dizer aquilo que está implícito nos princípios. Na espécie, por expressa disposição

---
(65) *Ibid.*, p.180.
(66) FREITAS, 2000, p. 180.

constitucional (CF, art. 37, *caput*) deve a Administração Pública indireta obedecer aos princípios da legalidade, impessoalidade, moralidade e eficiência, para não citar outros no momento que se encontram implícitos na Constituição de1988. Foi nesse sentido que o legislador impôs explicitamente a necessidade de licitar, a sujeição de suas despesas à fiscalização do Tribunal de Contas da União e outras disposições como as aqui já referidas e outras que serão mencionadas logo mais.

Quanto aos critérios para interpretação do regime jurídico, impende realçar que os normativos conformadores da atuação estatal destinam-se, além de assegurar-lhe condições de eficiência, a estabelecer as indispensáveis limitações que embarguem ações desmedidas dos representantes do povo, impedindo, sobremaneira, a violação ao interesse público e às garantias alusivas ao administrados em suas relações com o Poder Público.

As garantias alusivas aos administrados em suas relações com o Poder Público são a própria razão que inspira o Estado de Direito. Desprezar tal fato implica ofensa a diretrizes fundamentais do Texto Constitucional, não sendo prestante interpretação que venha adiar ou não pôr em prática o objetivo principal da Carta Maior de 1988.

Como diferente não poderia ser, as entidades que recebem recursos originários total ou majoritariamente de fontes públicas têm que estar submetidas a disposições "cautelares, defensivas tanto da lisura e propriedade no dispêndio destes recursos quanto dos direitos dos administrados a uma atuação estatal impessoal e isonômica, quando das relações que com elas entretenham"[67].

A efetividade de tais medidas só pode ocorrer quando existem mecanismos de controle internos e externos, suscitados quer pelos órgãos públicos, quer pelos indivíduos de forma particular, no interesse da sociedade ou individual.

É importante registrar que o pensamento daqueles que pretendem manter os beneplácitos que podem advir de uma interpretação errônea ou equivocada dos textos legais, quanto ao regime jurídico, tentam desesperadamente apoio na tese de que não estariam os seus atos sujeitos a controle.

Vale lembrar que a Constituição de 1988 submete expressamente as sociedades de economia mista a uma série de disposições que

---

(67) MELLO, 2003, p. 182.

não vigoram para as demais pessoas de direito privado, como será demonstrado posteriormente. Daí por que resta evidente que o regime jurídico aplicável a estas entidades é peculiar.

Celso Antônio Bandeira de Mello ensina que "se não apresentasse cunho original em relação às disposições que regem a generalidade das empresas privadas, as sociedades de economia mista e empresa públicas não se constituiriam em realidade *jurídica* distinta de quaisquer outras pessoas mercantis, confundindo-se, *de direito*, com as notórias figuras preexistentes"[68].

Consoante já afirmado, por força de lei, as sociedades de economia mista, como auxiliares do Estado, têm dupla natureza: a primeira vem expressa no *caput* do art. 173, primeira parte, quando determina que, ressalvados os casos previstos na Constituição Federal, as sociedades de economia mista, em caráter suplementar, ou seja, só quando necessário para atender os imperativos da segurança nacional, poderão explorar atividades econômicas; a segunda, como prestadoras de serviço público, quando for de relevante interesse coletivo (CF, art. 173, *caput,* segunda parte).

Quanto às primeiras entidades, sociedades de economia mista que exercem atividade econômica, conforme entendimento de *Celso Antônio Bandeira de Mello*, o regime jurídico que mais se aproxima de tais pessoas é o direito privado, aplicável à generalidade das pessoas de direito privado. "Seja pela natureza do objeto de sua ação, seja para prevenir que desfrutem de situação vantajosa em relação a empresas privadas — às quais cabem a senhoria no campo econômico".[69] Daí compreender-se que esteja a sua submissão às disciplinas das entidades de direito privado, conforme preceitua o art. 173, §, II, da Constituição Federal, *verbis*:

> Art. 173. Ressalvados os casos previstos nesta Constituição, a exploração direta de atividade econômica pelo Estado só será permitida quando necessária aos imperativos da segurança nacional ou a relevante interesse coletivo, conforme definidos em lei.
>
> [...]
>
> § 1º A lei estabelecerá o estatuto jurídico da empresa pública, da sociedade de economia mista e de suas subsidiárias que explorem

---

(68) MELLO, 2003, p. 183.
(69) *Ibid.*, p. 184.

atividade econômica de produção ou comercialização de bens ou de prestação de serviços, dispondo sobre:

[...]

II – a sujeição ao regime jurídico próprio das empresas privadas, inclusive quanto aos direitos e obrigações civis, comerciais, trabalhistas e tributários; [...]

Advirta-se, de logo, contudo, que tal afirmação está carregada de um certo exagero, pois a própria Constituição cuida em diversos outros artigos de "desmentir-se"[70].

Quanto às sociedades de economia mista prestadoras de serviço público ou quando criadas para desenvolver quaisquer atividades de índole pública propriamente dita (como promover a realização de obras públicas), aplicam-se com maior predominância as normas de direito público.

Celso Antônio Bandeira de Mello, ao referir-se ao regime jurídico das empresas estatais, assinala que alguns traços característicos do regime jurídico aplicável à sociedade de economia mista devem ser observados sob três ângulos: relações com a pessoa que as criou; relações com terceiros; relações internas. Quando da exposição de cada um, será feita oportunamente a diferenciação entre as prestadoras de serviço público e as exploradoras de atividade econômica.

No que se refere às relações entre as sociedades de economia mista e a pessoa que as criou, devem ser levadas em consideração sua criação e sua extinção. Quanto à criação, só mediante lei específica, conforme previsão constitucional (art. 37, XIX). Como sua criação depende de lei, estas não podem criar subsidiárias nem participar do capital de empresas privadas sem autorização legislativa, expedida para cada caso específico (CF, art. 37, XX)[71].

Celso Antônio Bandeira de Mello adverte para o fato de que, no caso das que exploram atividade econômica, além da autorização legislativa, imposta pelo art. 37, XIX, da Constituição Federal de 1988, será necessário que elas atendam aos imperativos da segurança nacional ou relevante interesse coletivo, conforme definido em lei. Deve ser promulgada lei qualificando o que se deve entender como "relevante interesse coletivo" e "imperativo da segurança nacional".

---

(70) MELLO, 2003, p. 184.
(71) *Ibid.*, p. 191.

Quanto a sua extinção, considerando sua criação por lei, somente por lei poderão ser extintas. Quando se tratar de exploradoras de atividade econômica a falência será como de outra entidade qualquer, haja vista que a Constituição prevê no art. 173, § 1º, II, sua sujeição ao "regime jurídico próprio das empresas privadas, inclusive quanto aos direitos e obrigações civis, comerciais ..."; porém, quando forem prestadoras de serviço público ou obra pública, os bens são afetados ao serviço e as obras são bens públicos, não podendo, portanto, ser penhorados e vendidos em hasta pública, uma vez que referidos bens são importantes para o cumprimento dos interesses públicos.

Com efeito, o Estado arcará subsidiariamente, no caso de falência, quanto a prestadoras de serviço público, conforme determina o § 6º, do art. 37, da Carta Política de 1988. Quanto às sociedades de economia mista exploradoras de atividade econômica, por força do art. 173, § 1º, II, da Constituição Federal, deduz-se que o Estado "não poderia responder subsidiariamente pelos créditos de terceiros que ficassem a descoberto, pois se o fizesse, estaria oferecendo-lhes um respaldo de que não desfrutam as demais empresas privadas"[72][73].

Dentro ainda do tema das relações das sociedades de economia mista com a pessoa que as criou, há de registrar-se que elas, por força dos arts. 19 e 26 do Decreto-lei n. 200/67, estão sujeitas à supervisão e ao controle do ministro a cuja pasta estejam vinculadas, diretamente, por meio de órgãos superiores do Ministério, que deverá orientá-las, coordená-las e controlá-las, nos termos do mesmo diploma.

Para atingir esse fim, segundo *Celso Antônio Bandeira de Mello*, são estabelecidas as seguintes medidas:

> [...] indicação, nomeação ou promoção, pelo Ministro, da eleição dos dirigentes das empresas estatais; designação dos representantes do Governo nas assembléias gerais e órgãos de administração ou controle da entidade; recebimento de relatórios, boletins, balanços e balancetes que permitam acompanhar a atividade da pessoa e execução tanto do orçamento-programa quanto da programação financeira aprovados pelo Governo; aprovação de contas, relatórios e balanços; fixação das despesas de pessoal,

---

(72) MELLO, 2003, pp. 190-191.
(73) Ver nova Lei de Falências Lei n. 11.101, de 9.2.2005, que regula a recuperação judicial, a extrajudicial e a falência do empresário e da sociedade empresária, traz novo tratamento às sociedades de economia mista: "Art. 2º Esta Lei não se aplica a: I — empresa pública e sociedade de economia mista;" ...

de administração, de gastos com publicidade, divulgação e relações públicas; realização de auditoria e periódica avaliação de rendimento e produtividade, bem como intervenção na pessoa, por motivo de interesse público.[74]

As entidades em liça submetem, além deste controle efetuado pela Administração, ao controle do Tribunal de Contas, consoante art. 71 da Constituição Federal de 1988.

No que se refere à relação das sociedades de economia mista com terceiros, suas relações serão regidas pelas normas de direito privado, salvo as exceções previstas na lei (CF, art. 173, § 1º, II). Ressalte-se que o legislador diz que a lei estabelecerá estatuto jurídico da empresa pública, da sociedade de economia mista e de suas subsidiárias exploradoras de atividade econômica, que disporá sobre sua função social, sujeição ao regime jurídico próprio das empresas privadas e ao regime de licitação e contratação de obras, serviços, compras e alienações, observados os princípios da Administração Pública. Quanto às prestadoras de serviço público, aplicam-se as normas de direito público.

Feita esta abordagem sintética sobre as relações das sociedades de economia mista com a pessoa que as criou e com terceiros, passa-se ao exame das relações internas das mencionadas sociedades, ou seja, qual o vínculo que as liga aos seus agentes. É possível a despedida, nestas espécies de sociedade, sem motivação?

De fato, quando se examina as relações internas, tenta-se delimitar a natureza jurídica dos vínculos que ligam as empresas estatais e seus agentes. Estes exercem a dupla função de agentes da empresa estatal e representantes da entidade que a supervisionam (art. 26, parágrafo único, *a*, do Decreto-lei n. 200/67). Independentemente de terem sido eleitos ou indicados, caso sejam empregados da pessoa regida pela Consolidação das Leis do Trabalho, mantém o vínculo empregatício.

Sujeitam-se as sociedades de economia mista ao teto remuneratório correspondente ao subsídio do ministro do Supremo Tribunal Federal, salvo se a empresa não receber recursos da União, Estado, Distrito Federal ou Município para pagamento de seu pessoal ou custeio em geral (art. 37, § 9º, da Carta de 1988).

O ingresso nas sociedades de economia mista, por força do art. 37, da Constituição Federal de 1988, depende de prévia aprovação

---

(74) MELLO, 2003, p. 191.

em concurso público, de provas ou de provas e títulos, ressalvadas as nomeações para cargo em comissão.

Evidentemente, assim como não é livre para contratar, não se há de admitir uma liberdade total dos dirigentes da entidade com a liberdade que, em princípio, goza o empregador de uma empresa particular. Há de existir um motivo justificador da dispensa pretendida sob pena de malferimento de outros princípios.

Após a promulgação da Constituição de 1988, porém, surgiram diversos questionamentos levados à apreciação do Poder Judiciário Trabalhista por empregados públicos de empresas estatais que foram demitidos de seus empregos imotivadamente, exatamente por conta da redação dos arts. 37 e 173 da citada Carta, *verbis:*

> Art. 37. A Administração Pública direta e indireta de qualquer dos Poderes da União, dos Estados, do Distrito Federal e dos Municípios obedecerá aos princípios de legalidade, impessoalidade, moralidade, publicidade e eficiência e, também, ao seguinte:
>
> [...]
>
> Art. 173. Ressalvados os casos previstos nesta Constituição, a exploração direta de atividade econômica pelo Estado só será permitida quando necessária aos imperativos da segurança nacional ou a relevante interesse coletivo, conforme definidos em lei.
>
> [...]
>
> § 1º A lei estabelecerá o estatuto jurídico da empresa pública, da sociedade de economia mista e de suas subsidiárias que explorem atividade econômica de produção ou comercialização de bens ou de prestação de serviços, dispondo sobre:
>
> [...]
>
> II – a sujeição ao regime jurídico próprio das empresas privadas, inclusive quanto aos direitos e obrigações civis, comerciais, trabalhistas e tributários.

De um lado, os empregados alegam que, por força do estatuído no art. 37, *caput*, da Carta Política de 1988, não podem ter seus contratos de trabalho terminados sem a devida motivação, sem que lhe sejam assegurados o devido processo legal, o contraditório e a ampla defesa, daí por que entendem ser nulos tais atos. Do outro lado, os empregadores, representados pelas empresas estatais, afirmam que o art. 173, § 1º, inciso II, da Constituição Federal, concede-lhes o direito potestativo de despedir livremente empregados que não gozam de estabilidade.

Eis o problema posto. Qual a melhor solução? A quem assiste razão? Com efeito, a resposta ao questionamento não se passa ao largo da natureza jurídica ou mesmo da própria conceituação de sociedade de economia mista, como pode transparecer inicialmente. Pensa-se que a solução do problema está mais ligado às normas de interpretação. Daí a razão pela qual, antes ingressar no tópico alusivo à utilização dos princípios na interpretação constitucional, será feita uma incursão, ainda que breve, sobre conceito, normatividade dos princípios, e sobre a divisão dos princípios no âmbito do processo administrativo, à luz da Cártula de 1988 e da Lei n. 9.784, de 29.1.1999.

Capítulo 2

DOS PRINCÍPIOS: EVOLUÇÃO E NORMATIVIDADE

Vive o Direito hoje a Era dos Princípios, assumindo estes posição hegemônica na pirâmide normativa. Por força desse fato, como o objetivo do presente trabalho é demonstrar a obrigatoriedade do cumprimento, entre outros do princípio da motivação no ato de despedida na sociedade de economia mista, entende-se, por oportuno, trazer-se à baila o conceito de princípio e breve histórico das fases pelas quais ele passou até chegar ao seu reconhecimento como norma das normas, para em seguida concluir-se pela importância dos princípios como veículos dimensionadores da compreensão e da aplicação do Direito na solução das lides.

Empós, em face da pertinência do tema, será feita uma abordagem sobre a submisssão da sociedade de economia mista aos princípios do processo administrativo e aos princípios da Administração Pública. Será demonstrado, ainda, que, após a normatização dos referidos princípios, seja no âmbito constitucional, seja no infraconstitucional, eles passaram a lograr de eficácia positiva, noutras palavras, adquiriram normatividade, e, conseqüentemente, assumiram o *status* de norma, tendo como principal efeito obrigar a sociedade de economia mista a observá-los na formalização dos seus atos administrativos.

2.1. Conceito

O conceito antigo de princípio foi completamente omisso sobre seu principal traço caracterizador, ou seja, sua normatividade. Ressalte-se, de logo, que a principal contribuição da doutrina contemporânea foi a introdução, no conceito, de princípio do referido traço caracterizador.

O constitucionalista *Paulo Bonavides*[1], em sua obra "Curso de Direito Constitucional", assevera que a normatividade dos princípios,

---

(1) BONAVIDES, 2000, p. 230.

afirmada categórica e precursoramente, está na excelente e sólida conceituação formulada em 1952 por *Crisafulli*: Princípio é, com efeito, toda norma jurídica, considerada como determinante de uma ou de muitas outras subordinadas, que a pressupõem, desenvolvendo e especificando ulteriormente o preceito em direções mais particulares (menos gerais), das quais determinam, e, portanto, resumem, potencialmente, o conteúdo: sejam, pois, estas efetivamente postas, sejam, ao contrário, apenas dedutíveis do respectivo princípio geral que as contém.

Ricardo Guastini[2], citado por *Paulo Bonavides*, fez seis conceitos distintos de *princípios*, os quais ora se resume.

O primeiro conceito diz que o vocábulo princípio refere-se a normas providas de um alto grau de generalidade. O segundo, que a palavra princípio é utilizada para aludir a normas providas de um alto grau de indeterminação e que por isso requerem concretização por via interpretativa, sem a qual não seriam suscetíveis de aplicação a casos concretos. O terceiro diz respeito a normas de caráter programático. O quarto cuida de normas cuja disposição na hierarquia das fontes de Direito é muito elevada. Em quinto designa normas que desempenham uma função importante e fundamental no sistema jurídico ou político. E por último, a expressão *princípio* denomina normas dirigidas aos órgãos de aplicação, cuja função específica é fazer valer a escolha dos dispositivos ou das normas aplicáveis nos diversos casos.

Evidencia-se que a normatividade dos princípios é uma constante nas seis acepções sugeridas em *Ricardo Guastini*.

Como o objetivo do presente capítulo é estudar a normatividade dos princípios, necessário se faz observar em primeiro plano o caminho perseguido pelos princípios gerais até a sua conversão em princípios constitucionais e específicos de cada ramo do Direito, para depois partir para o estudo isolado de cada um de *per se,* no que diz respeito a sua aplicação no processo administrativo.

2.2. A ausência de normatividade dos princípios à luz da hermenêutica antiga

É sabido que, com a introdução dos princípios no seio constitucional, a partir da segunda metade do século XX, restou superada a fase

---

(2) GUASTINI, 1990 *apud* BONAVIDES, 2000, p. 230.

hermenêutica das chamadas normas programáticas. A conseqüência de tal ato foi a implantação de uma nova visão do constitucionalismo atual.

Foi a carência de normatividade dos princípios a pedra de toque da velha hermenêutica, doravante, completamente superada pelo fato de que os princípios gerais deram o suporte necessário e suficiente para clarear o entendimento das questões jurídicas.

Partindo dessa premissa, passa-se a examinar o processo de inclusão dos princípios gerais na Lei Maior, adiantando que não é demais dizer que a normatividade dos princípios passou por três fases: a jusnaturalista, a positivista e a pós-positivista.

2.3. Das fases normativas dos princípios: jusnaturalista, positivista e pós-positivista

2.3.1. Da fase jusnaturalista

A fase jusnaturalista é a mais antiga, sendo sua característica básica a ausência de normatividade e um alto teor de abstração. Esta fase caracterizou-se, ainda, pelo reconhecimento das idéias que inspiraram os primeiros postulados de justiça.

Foi superada esta fase pelo aparecimento da Escola Histórica do Direito, com o que ficou, praticamente, proibido se falar de Direito Natural: era a vez do positivismo exacerbado.

Segundo *Bobbio*, citado por *Paulo Bonavides*,

o prestígio da concepção positivista do Direito era tal que até alguns juristas austríacos, não obstante o chamamento aos princípios de Direito Natural contido no art. 7º do seu Código Civil, interpretaram os princípios gerais como princípios de Direito Positivo.[3]

Continua *Bobbio*, "*Del Vecchio* veio pôr em dúvida o poder absoluto e sem limites do positivismo ao colocar o problema nos termos desta alternativa: estão os princípios gerais do direito dentro ou fora do sistema"? Por intermédio dessa pergunta pretendia trazer de volta por via reflexiva o problema dos princípios sob uma inspiração jusnaturalista, buscando soltar-se das amarras criadas pela Escola Positivista.

---

(3) BONAVIDES, 2000, p. 233.

Seguindo esta linha, *Bobbio* cita artigo da lavra de *Del Vecchio*, no qual o eminente Jurista sustenta que os princípios gerais do Direito evocados pelo art. 3º do Código Civil italiano de 1865 deveriam ser entendidos como princípios de Direito Natural.

A contribuição de *Del Vecchio* veio ratificar a necessidade de o jurista e de o juiz entenderem e assimilarem os princípios, para que pudessem atingir a justiça. De conformidade com a idéia sustentada pelo citado autor, para se compreender as normas, era necessário que fossem postas em relação quais princípios gerais do Direito descendem.

O renascimento do jusnaturalismo trouxe questionamentos dentre os quais podemos citar "ninguém sabe nada de seguro acerca desse Direito Natural, mas todo mundo sente com segurança que ele existe"[4].

A corrente jusnaturalista entende os princípios gerais de Direito como *"axiomas jurídicos"* ou *"normas estabelecidas pela reta razão"*. Segundo *Paulo Bonavides*, na obra já referida, citando *Garcia de Enterria*: "são princípios de justiça, constitutivos de um Direito ideal"; são, enfim, "um conjunto de verdades objetivas derivadas da lei divina e humana". Esta corrente, por força desta sua formulação axiomática, foi levada ao descrédito por alguns.

Quem, segundo *Paulo Bonavides*, fez uma distinção clara entre as duas correntes imperantes na doutrina dos princípios — jusnaturalista e positivista — foi *José M. Rodriguez Paniagua*, cuja distinção por sua importância ora se reproduz:

"Em conclusão e em resumo podemos dizer que a diferença mais destacada entre a tendência histórica ou positivista e a jusnaturalista radica em que esta última afirma a insuficiência dos princípios extraídos do próprio ordenamento jurídico positivo, para preencher as lacunas da lei, e a necessidade conseqüente de recorrer aos do Direito Natural (demais, com todas as garantias que temos visto), enquanto que a corrente positivista entende que se pode manter dentro do ordenamento jurídico estatal, com os princípios que deste se podem obter por analogia no início." E finaliza deste teor: "Mas esta é, antes de tudo, uma questão lógica: a suficiência ou insuficiência do ordenamento jurídico; e só depois de resolvida, sem agitar o fantasma do Direito Natural, dever-se-ia

---

(4) *Ibid.*, p. 233.

começar a determinar, caso a conclusão seja a da insuficiência, os métodos de suprir essas lacunas".⁽⁵⁾

2.3.2. Da fase do positivismo jurídico e do ingresso dos princípios nos códigos como fonte normativa subsidiária

Na fase juspositivista, os princípios entram nos códigos como fonte normativa subsidiária, ou como "válvula de segurança" (palavras de *Gordillo Canas*), pois garantem a supremacia absoluta da lei. Eles não são vistos como anteriores à lei; mas, estariam ali para suprir as lacunas do ordenamento. Com o advento da Escola Histórica e a elaboração dos códigos houve a decadência do Direito Natural clássico, contribuindo para a expansão doutrinária do positivismo jurídico[6].

Flórez-Valdés, citado por *Paulo Bonavides*, assevera que a concepção positivista ou histórica dos princípios gerais do Direito equivale aos princípios que informam o Direito positivo e lhe servem de fundamento. E, acrescentando, diz:

> Estes princípios se induzem por via de abstração ou de sucessivas generalizações, do próprio Direito Positivo, de suas regras particulares [...]. Já estão dentro do Direito Positivo e, por ser este um sistema coerente, podem ser inferidos do mesmo. Seu valor vem não de serem ditados pela razão ou por constituírem um Direito Natural ou ideal, senão por derivarem das próprias leis.[7]

O juspositivismo, porém, ao fazer dos princípios na ordem constitucional meras "pautas programáticas supralegais, tem assinalado, via de regra, a sua carência de normatividade"[8], trazendo como conseqüência a sua irrelevância jurídica.

O notável jurista italiano, *Noberto Bobbio*, contudo, foi omisso sobre o tema na sua obra "Novíssimo Digesto Italiano", pois trata tão-somente do percurso doutrinário dos princípios, sem ao menos fixar uma posição clara e inequívoca de seu pensamento acerca da normatividade dos princípios. Mais tarde, veio a sanar esta omissão em sua obra "Teoria dell'Ordenamento Giuridico", onde escreveu:

---

(5) PANIAGUA, 1976 *apud* BONAVIDES, 2000, pp. 234 e 235.
(6) BONAVIDES, *op. cit.*, p. 235.
(7) FLÓREZ-VALDÉS, 1990 *apud* BONAVIDES, *op. cit.*, p. 235.
(8) BONAVIDES, 2000, p. 236.

Os princípios gerais são, a meu ver, normas fundamentais ou generalíssimas do sistema, as normas mais gerais. O nome do princípio de princípios induz em engano, tanto que é velha a questão entre juristas se os princípios são ou não normas. Para mim não há dúvida: os princípios gerais são normas como todas as outras. E esta é também a tese sustentado por *Crisafulli*. Para sustentar que os princípios gerais são normas, os argumentos são dois, e ambos válidos: antes de mais nada, se são normas aquelas das quais os princípios gerais são extraídos, através de um procedimento de generalização sucessiva, não se vê por que não devam ser normas também eles: se abstraio da espécie animal obtenho sempre animais, e não flores ou estrelas. Em segundo lugar, a função para qual são extraídos e empregados é a mesma cumprida por todas as normas, isto é, a função de regular um caso. Para regular um comportamento não regulado, é claro: agora servem ao mesmo fim para que servem as normas expressas. E por que não deveriam ser normas?[9]

Bobbio expôs na sua obra "Novíssimo Digesto Italiano" a tese dos que aceitam a versão do caráter normativo dos princípios, oportunidade na qual estabeleceu os diversos critérios distintivos entre norma e princípio. Em primeiro lugar, diz ele, "os princípios gerais são pura e simplesmente normas mais gerais"; segundo, "são normas fundamentais ou normas de base do sistema ou traves mestras, como se tem dito metaforicamente, na acepção de que sem eles o sistema não poderia subsistir como ordenamento efetivo das relações de vida de uma determinada sociedade"; terceiro, são normas diretivas ou princípios gerais; em quarto, são normas indefinidas, e em quinto, são normas indiretas[10].

2.3.3. Da fase do pós-positivismo — do tratamento dos princípios como direito

Com a chegada da terceira fase do pós-positivismo os princípios passaram a ser tratados como Direito. Esta fase coincide com a promulgação de novas constituições, onde é acentuada a "hegemonia axiológica dos princípios, convertidos em pedestal normativo sobre o

---
(9) BOBBIO, 1957 apud BONAVIDES, op. cit., p. 236.
(10) BONAVIDES, op. cit., p. 236.

qual assenta todo o edifício jurídico dos novos sistemas constitucionais"[11].

O reconhecimento, pelas Cortes Internacionais de Justiça, no tocante à normatividade dos princípios gerais de Direito, foi o primeiro passo para o reconhecimento precoce da positividade ou normatividade dos princípios em grau constitucional e não meramente civilista.

Com o surgimento do pós-positivismo, a doutrina do Direito Natural como a do velho positivismo ortodoxo passou por diversas críticas, sobretudo, com a nova obra de autoria de *Dworkin*, jurista de Harvard, cuja obra contribuiu para caracterizar a normatividade definitiva reconhecida aos princípios.

Dworkin defende a necessidade de se tratar os princípios como Direito, *"abandonando, assim, a doutrina positivista e reconhecendo a possibilidade de que tanto uma constelação de princípios quanto uma regra positivamente estabelecida podem impor obrigação legal"*[12]. Estas suas idéias antipositivistas causaram uma verdadeira reviravolta. Em que pese ao fato de já esta nova fase pós-positivista ter tido seu início com *Betti* e *Esser* ao reconhecerem a normatividade dos princípios antipositivistas, vale a pena se acompanhar as posições mais recentes e definidas do constitucionalismo contemporâneo e seus precursores, que erigiram os princípios à categoria de normas, numa reflexão profunda e aperfeiçoadora.

Um dos maiores colaboradores nessa fase pós-positivista foi o jurista alemão *Alexy*. Antes dele e de *Dworkin*, todavia, o mais insigne precursor da normatividade dos princípios foi Boulanger.

Boulanger distinguia regras e princípios; mas, primeiro advertia, citando *Japiot*, que "os princípios haurem parte de sua majestade no mistério que os envolve". Ele foi quem primeiro fez um estudo classificatório dos tipos e variedades de princípios de Direito. Este trabalho foi mais tarde aprofundado pelo jurista alemão *Esser*, em sua obra "Princípio e Norma".

O mistério que envolve os princípios na óptica de *Boulanger* guarda certo resquício jusnaturalista. De tal mistério, contudo, já procura se desvencilhar, ainda que de forma singela, ao fazer a distinção entre regra e princípio. Segundo ele,

> há entre princípio e regra jurídica não somente uma disparidade de importância mas uma diferença de natureza. Uma vez mais o

---
(11) BONAVIDES, 2000, p. 237.
(12) *Ibid.*, p. 238.

vocabulário é a fonte de confusão: a generalidade da regra jurídica não se deve entender da mesma maneira que a generalidade de um princípio.[13]

Boulanger continua,

uma regra jurídica é geral se for estabelecida para um número indeterminado de atos ou fatos (*Ripert* e *Boulanger*), mas sob certo aspecto ela é especial na medida em que rege tão-somente atos ou fatos, ou seja, é editada contemplando uma situação jurídica determinada [...] O princípio, ao contrário, é geral porque comporta uma série indefinida de aplicações[14].

Socorrendo-se do Vocabulário de Filosofia de *Lalande*, que define princípios como o conjunto de proposições diretivas às quais todo o desenvolvimento ulterior se subordina, acrescenta que "é o que se verifica tanto no Direito como na Filosofia: existem no Direito proposições às quais séries de soluções positivas se subordinam. Essas proposições devem ser consideradas como princípios"[15].

Quanto à significação dos princípios, *Boulanger* diz: "A verdade que fica é a de que os princípios são um indispensável elemento de fecundação da ordem jurídica positiva. Contém em estado de virtualidade grande número das soluções que a prática exige". *Esser* cita, ainda, além de *Boulanger*, como precursores do pós-positivsmo, *Gutzwiller* e *Goldschmidt*, os quais teceram observações marcantes sobre a importância dos princípios: o primeiro, ao reconhecer que um princípio é somente *"princípio de interpretação"* e, não obstante, como *"princípio heurístico"*, pode possuir importância criadora; e o segundo, ao assinalar que *"um Direito sem princípios nunca houve verdadeiramente"*[16].

2.4. As normas compreendem as regras e os princípios

Quando *Betti*, citado por *Paulo Bonavides*, disse que os princípios são "os valores dos critérios diretivos para interpretação e dos critérios programáticos para o progresso da legislação", a este resultado já havia chegado desde muito a Hermenêutica dos princípios[17].

---

(13) BOULANGER, 1950 *apud* BONAVIDES, 2000, p. 239.
(14) *Ibid.*, p. 239.
(15) *Ibid.*, p. 240.
(16) BOULANGER, 1950 *apud* BONAVIDES, 2000, p. 240.
(17) BETTI, 1990 *apud* BONAVIDES, *op. cit.*, p. 243.

Concordando com o jurista paraibano, e a exemplo de *Esser*, *Alexy*, *Dworkin* e *Crisafulli*, pode-se afirmar que os princípios são normas e as normas compreendem igualmente os princípios e as regras.

Esser reconhece que foi um grande passo diante das posições positivistas, *"que o princípio atua normativamente; é parte jurídica e dogmática do sistema de normas; é ponto de partida que se abre ao desdobramento judicial de um problema"*[18].

Não seja, porém, o princípio uma norma no sentido técnico da palavra, pois os princípios, como *ratio legis*, segundo *Esser*, são possivelmente Direito positivo, que pelos veículos interpretativos se exprimem, e assim se transformam numa esfera mais concreta.

Os princípios nessa evolução "repartem-se em duas categorias: a dos que assumem o caráter de idéias jurídicas norteadoras, postulando concretização na lei e na jurisprudência, e a dos que, não sendo apenas *ratio legis*, mas também *lex*, se cristalizam desse modo, consoante *Larenz* assinala, numa regra jurídica de aplicação imediata"[19]. Complementa o mesmo jurista que os da categoria, desprovidos do caráter de norma, são princípios *"abertos"* ao passo que os segundos se apresentam como *"princípios normativos"*.

2.5. A contribuição de *Crisafulli* na normatividade dos princípios

Crisafulli, ao fazer um cotejamento entre os princípios e as normas, assevera que os princípios (gerais) estão para as normas particulares como o mais está para o menos, como o que é anterior e antecedente está para o posterior e o conseqüente. Os princípios têm dupla eficácia: a eficácia imediata e a mediata (programática).

Por princípio, o mestre entende que "toda norma jurídica considerada como determinante de outra ou outras que lhe são subordinadas, que a pressupõe, desenvolvendo e especificando ulteriormente o preceito em direções mais particulares"[20].

Nessa linha, sustenta que seja o princípio expresso numa formulação legislativa ou, ao contrário, implícito ou latente num ordenamento,

---
(18) ESSER, 1964 *apud* BONAVIDES, *op. cit.*, p. 243
(19) BONAVIDES, *op. cit.*, p. 244.
(20) CRISAFULLI, 1952 *apud* BONAVIDES, 2000, p. 244.

constitui norma aplicável como regra de determinados comportamentos públicos ou privados.

Acrescenta que se os princípios fossem simples diretrizes ou diretivas teóricas, far-se-ia mister, então, admitir, por congruência, que, em tais hipóteses, a norma seria posta ou estabelecida pelo juiz, e não o contrário — conclui ele — por este unicamente aplicada, ao caso específico[21].

Em reforço da sua tese continua:

[...] mas a eficácia dos princípios constitucionais não se exaure na sua aplicabilidade às relações que formam o respectivo objeto. Um lugar de particular importância diz respeito indubitavelmente à sua eficácia interpretativa, conseqüência direta da função construtiva que os caracteriza dinamicamente entre as normas do sistema. Todo princípio tem eficácia e que os princípios são normas escritas e não escritas, das quais logicamente derivam as normas particulares (também estas escritas e não escritas) e às quais inversamente se chega partindo destas últimas.[22]

Comprovada a normatividade do princípio, fica para trás a discussão entre princípio *versus* norma, uma vez que pelo novo discurso metodológico a norma é conceitualmente elevada à categoria de gênero, do qual são espécies os princípios e as regras.

A obra de *Alexy* reflete o influxo e o teor da doutrina pós-positivista, da qual esse jurista em nosso tempo é, sem dúvida, expoente dos mais categorizados.

2.6. Critérios utilizados por *Alexy* para estabelecer a distinção entre regras e princípios

Alexy instituiu critérios objetivando a distinção entre regras e princípios, que, segundo o professor *Paulo Bonavides*, na sua essência é a mesma de *Dworkin*.

Segundo *Alexy*, as regras e os princípios são espécies de normas, lembrando que a diferença entre princípios e regras é, portanto, aquela entre duas espécies de normas. Daí por que conclui que o principal

---

(21) BONAVIDES, *op. cit.*, p. 245.
(22) *Ibid.*, p. 245.

critério diferenciador entre eles é o da generalidade. Assim, os princípios são normas dotadas de alto grau de generalidade relativa, ao passo que as regras, sendo também normas, têm grau relativamente baixo de generalidade. Além desse critério, cita os demais: o da "determinabilidade" dos casos de aplicação, o da origem, o da diferenciação entre normas "criadas" e normas "medradas" ou "crescidas", o da explicitação do teor de valoração, o da relação com a idéia de Direito ou com a lei suprema do Direito, e, por último o da importância que têm para a ordem jurídica[23].

Conclui o professor italiano que a tese que julga mais correta para estabelecer o critério diferenciador entre princípio e regra é que entre eles não há somente uma distinção de *grau*, mas de *qualidade* também. Seria um critério "gradualista-qualitativo, nas palavras do professor *Paulo Bonavides*"[24].

Compreendidos os princípios como mandamentos de otimização, sob a óptica de *Alexy*[25], a sua principal característica consiste em tais mandamentos poderem ser cumpridos em distintos graus. E, continua, as regras são normas que podem sempre ser cumpridas ou não, e, quando uma regra vale, então se há de fazer exatamente o que ela exige ou determina. Nem mais, nem menos, todavia, o princípio assim não pode ser entendido, pois pode ocorrer que o princípio continue válido para aquela hipótese *in concreto*, mas existe outro princípio que é mais aplicável àquele caso, e, nem por isso, citado princípio perdeu sua validade.

Por força de tais problemas, surgem conflitos entre regras e princípios e até mesmo colisões entre princípios, cujas soluções, na visão do mestre *Paulo Bonavides*, podem assim ser interpretadas.

2.7. Conflito entre regras e princípios resolve-se na dimensão da validade; a colisão de princípios na dimensão do valor

A distinção entre regras e princípios pode ser vista com maior clareza ao redor da colisão de princípios e do conflito de regras. Duas normas, cada qual aplicada de *per se*, conduziram a resultados entre si incompatíveis, a saber, a dois juízos concretos e contraditórios de dever-ser jurídico. Distinguem-se, por conseguinte, no modo de solução do conflito.

---
(23) ALEXY, 1985 *apud* BONAVIDES, 2000, p. 249.
(24) BONAVIDES, *op. cit.*, p. 250.
(25) ALEXY, 1985 *apud* BONAVIDES, *op. cit.*, p. 251.

Assevera *Alexy*: *"Um conflito entre regras somente poder ser resolvido se uma cláusula de exceção, que remova o conflito, for introduzida numa regra ou pelo menos se uma das regras for declarada nula"*[26]. Juridicamente, segundo ele, uma norma vale ou não vale, e, quando vale, e é aplicável a um caso, isto significa que suas conseqüências jurídicas também valem.

Com o conflito de princípios, se algo é vedado por um princípio, mas permitido por outro, deve um dos princípios recuar. Isto, porém, não significa que o princípio do qual se abre mão seja declarado nulo, nem que uma cláusula de exceção nele se introduza. Antes que dizer que em determinadas circunstâncias, um princípio cede ao outro, ou que em situações distintas, a questão de prevalência se pode resolver de forma contrária.

Diante da prevalência de um princípio sobre o outro, ensina *Alexy*, os princípios têm um peso diferente nos casos concretos, e o princípio de maior peso é o que prepondera. Os conflitos de regras, entretanto, ocorrem na dimensão da validade, ao passo que a colisão de princípios transcorre fora da dimensão da validade, ou seja, na dimensão do peso, isto é, do valor.

Vale ressaltar que as distinções entre princípios e regras feitas pelo mestre de Harvard, *Dworkin*, é um dos pontos centrais da sua original concepção sobre normas jurídicas. Em muitos aspectos, coincide com a do professor alemão *Alexy*, cuja teoria acerca da normatividade dos princípios se inspira em grande parte nas sugestões de Dworkin.

Para *Alexy*, ao contrário do que entende o mestre de Harvard — que entende de maneira restritiva os princípios — o conceito de princípio deve ser alargado, não se restringindo aos direitos só individuais.

Conclui-se, portanto, com *Alexy* que as regras têm relação direta com a validade, enquanto os princípios possuem vinculação com os valores.

2.8. A contribuição de *Dworkin* na elaboração das constituições

Dworkin, com efeito, foi um dos primeiros a admitir a normatividade do princípios, apenas lembrando que as insuficiências e imperfeições restritivas foram corrigidas por *Alexy*, ao fazer o necessário e indeclinável

---

(26) ALEXY, 1985 *apud* BONAVIDES, 2000, p. 249.

enriquecimento dos conteúdos materiais dos princípios, cujo raio de abrangência ele alargou, com maior rigor científico. Daí por que a teoria dos princípios, após acalmados os ânimos sobre a normatividade dos princípios, converteu-se no ponto central das constituições, no coração, como diz o professor *Paulo Bonavides*[27].

As regras, segundo *Dworkin*, são aplicáveis à maneira de tudo ou nada. Se ocorrerem os fatos, então a regra será válida e, nesse caso, a resposta que oferecer deverá ser aceita; se tal, porém, não acontecer, aí a regra em nada contribuirá para a decisão.

Sempre que se tratar de regra, para torná-la mais precisa e completa, faz-se mister enumerar-lhe todas as exceções. O conceito de validade da regra é conceito de tudo ou nada apropriado para ela; mas, incompatível com a dimensão de *peso*, que pertence à natureza do princípio. Entenda-se bem: *peso* ou *valor*[28].

A acepção do verbete peso ou valor, num sentido particular ou especial, só os princípios têm, as regras não, sendo tal critério o mais seguro na distinção entre princípios e regras.

O constitucionalista *Paulo Bonavides*, a propósito das reflexões de *Dworkin* sobre os princípios, afirma:

> Um princípio aplicado a um determinado caso, se não prevalecer, nada obsta a que, amanhã, noutras circunstâncias, volte ele a ser utilizado, e já então de maneira decisiva. Num sistema de regras, pondera *Dworkin*, não se pode dizer que uma regra é mais importante do que outra. De tal sorte que, quando duas regras entram em conflito, não se admite que uma possa prevalecer sobre a outra em razão de seu maior peso.[29]

E continua o mestre paraibano, na mesma ordem de considerações: *"Se duas regras entrarem em conflito, uma delas não pode ser regra válida. A decisão acerca de qual será válida e qual deverá ser abandonada ou reformada fica sujeita a considerações exteriores às próprias regras."*

Dworkin, citado por *Paulo Bonavides*, sugere as seguintes soluções para o conflito entre regras:

> um sistema legal pode regular tais conflitos por outras regras, de preferência a que for decretada pela autoridade mais alta; a regra

---
(27) BONAVIDES, 2000, p. 252.
(28) DWORKIN, 1978 *apud* BONAVIDES, 2003, p. 245.
(29) BONAVIDES, *op. cit.*, p. 253.

que houver sido formulada primeiro; a mais específica ou algo dessa natureza e, finalmente, a que tiver o apoio dos princípios mais importantes.[30]

Em suma, só as regras ditam resultados, não importa o que aconteça. Se um resultado contrário se alcança, a regra é abandonada ou alterada, ao passo que com os princípios tal não se verifica, pois com estes não se procede assim; se eles se inclinam por uma decisão, de forma não conclusiva, e ela não prevalece, os princípios sobrevivem intactos. O princípio pode ser relevante em caso de conflito, para um determinado problema legal; mas, não estipula uma solução particular. E quem houver de tomar a decisão levará em conta todos os princípios envolvidos, elegendo um deles, sem que isso signifique, todavia, identificá-lo como válido.

2.9. Da necessidade dos princípios no ordenamento jurídico do Estado

A doutrina atual tem de fato uma preocupação maior no destaque da importância dos princípios como veículo dimensionador da compreensão e da aplicação do direito. Por causa desse posicionamento explica-se uma mudança de postura por aqueles que se dedicavam, unicamente, a investigar o Direito sem considerar os princípios com o grau de importância que realmente têm na fixação do entendimento e do raio de ação da norma, sem prestigiá-los com toda a força que emanam.

É importante que, na compreensão do vocábulo princípio, seja lembrado que existem dois sentidos que o envolvem: um vulgar e um outro técnico.

Segundo o Dicionário do Aurélio[31], no sentido vulgar, princípio é entendido como "momento ou local ou trecho em que algo tem origem; começo"; ou, imprimindo-se maior clareza ao que se expressa em tal ângulo, "causa primária, elemento predominante na constituição de um corpo orgânico". Por último, se aponta princípio como sendo sinônimo de preceito, regra, lei.

As conceituações sobre o significado do vocábulo princípio contribuem para que se tenha uma idéia mais consistente da sua importância

---
(30) *Ibid.*, p. 254.
(31) FERREIRA, Aurélio Buarque de Holanda. *Novo dicionário da língua portuguesa*. Rio de Janeiro: Nova Fronteira, 2001, p. 1138.

no campo do conhecimento humano e na solução dos conflitos entre as regras.

Segundo consta do citado dicionário, filosoficamente, princípio é "fonte ou causa de uma ação; [...] Preposição que se põe, no início de uma dedução, e que não é deduzida de nenhuma outra dentro do sistema considerado, sendo admitida, provisoriamente, como inquestionável"[32]. Não satisfeito com a identificação posta, detalha mais com a argumentação de que são princípios os axiomas, os postulados, os teoremas etc.

Em síntese, em termos técnicos, princípios são proposições diretoras de uma ciência, às quais todo o desenvolvimento posterior dessa ciência deve estar subordinado.

Diante da elevada importância que os princípios têm para o estudo e atuação em qualquer ramo do Direito, cede lugar para se registrar que os princípios foram também nominados por Aurélio com a identificação do ramo científico a que eles estão vinculados e que são aplicados, de modo genérico, em todo o campo do conhecimento.

Pode ser citado, embora de forma resumida, um quadro dos mais importantes princípios filosóficos que atuam, diretamente, no campo do Direito: o princípio de finalidade, da identidade, de razão suficiente, de causalidade, de contradição, do terceiro excluído e da identidade dos indiscerníveis.

Indene de dúvidas é a importância que princípio tem na compreensão e na interpretação das regras como um todo. Necessário é que se registre a importância do princípio no ordenamento jurídico. Por isso, a Ciência do Direito preocupa-se em conceituá-lo, fazendo-o de dois modos diferentes. No primeiro, princípio é o mesmo que postulado; no segundo, ele é síntese genérica decorrente de certas formulações específicas.

As lições colhidas nos mais destacados doutrinadores não se cansam de insistir no valor dos princípios gerais e específicos como causa determinante da ordenação visada pelo Direito, dentre os quais pode ser citado *Jorge Miranda*, que em sua obra Manual de Direito Constitucional bem demonstrou a expressividade científica do que sejam um princípio e a sua força integrativa ao Direito:

> O Direito não é mero somatório de regras avulsas, produto de atos de vontade, ou mera concatenação de fórmulas verbais

---

(32) *Ibid.*, p. 1138.

articuladas entre si. O Direito é ordenamento ou conjunto significativo e não conjunção resultada de vigência simultânea; é coerência ou, talvez mais rigorosamente, consistência; é unidade de sentido, é valor incorporado em regra. E esse ordenamento, esse conjunto, essa unidade, esse valor, projeta-se ou traduz-se em princípios, logicamente anteriores aos preceitos. Os princípios não se colocam, pois, além ou acima do Direito (ou do próprio Direito positivo); também eles — numa visão ampla, superadora de concepções positivistas, literalistas e absolutizantes das fontes legais — fazem parte do complexo ordenamental. Não se contrapõem às normas, contrapõem-se tão-somente aos preceitos; as normas jurídicas é que se dividem em normas-princípios e normas-disposições.[33]

Norberto Bobbio, em sua obra "Teoria do Ordenamento Jurídico", destina todo um capítulo para explicar a importância dos princípios gerais de Direito como fator determinante da completude do ordenamento jurídico. Ao desenvolver o seu entendimento, realça, de modo considerável, a importância dos princípios, com a afirmação de que ao lado dos princípios gerais expressos há os não-expressos, ou seja, aqueles que se podem tirar por abstração de normas específicas ou pelo menos não muito gerais: são princípios, ou normas generalíssimas, formuladas pelo intérprete, que busca colher, comparando normas aparentemente diversas entre si, aquilo a que comumente se chama o espírito do sistema.[34]

Com efeito, os princípios exercem funções diversificadas no ordenamento jurídico. A supremacia que possuem em tal campo contribui para que não seja uniforme a sua forma de atuação.

Pode-se dizer que os princípios têm duas funções: a primeira, de cunho ordenado e a segunda, que atua com propósitos prospectivos.

A primeira função visa contribuir para que o sistema atue de modo coerente, uma vez que os princípios se exteriorizam com a missão definida de fixar diretrizes para critérios de interpretação e de integração do Direito.

A segunda função atua com propósitos prospectivos, pois eles se voltam impondo sugestões para a adoção de formulações novas ou

---

(33) MIRANDA, Jorge. *Manual de Direito Constitucional.* 4. ed. Coimbra: Coimbra Ed., 1990, pp. 197-198.
(34) *Ibid.*, pp. 158-159.

de regras jurídicas mais atualizadas, contribuindo para o aprimoramento do Direito aplicado e atendimento às reivindicações dos jurisdicionados.

A materialização dessas funções exercidas pelos princípios levou *Celso Antônio Bandeira de Mello*, em seu "Elementos de Direito Administrativo", a asseverar:

> Princípio, já averbamos alhures, é, por definição, mandamento nuclear de um sistema, verdadeiro alicerce dele, disposição fundamental que se irradia sobre diferentes normas compondo-lhes o espírito e servindo de critério para sua exata compreensão e inteligência, exatamente por definir a lógica e a racionalidade do sistema normativo, no que lhe confere a tônica e lhe dá sentido humano. É o conhecimento dos princípios que preside a intelecção das diferentes partes componentes do todo unitário que há por nome sistema jurídico positivo. Violar um princípio é muito mais grave que transgredir uma norma. É a mais grave forma de ilegalidade ou inconstitucionalidade, conforme o escalão do princípio atingido, porque representa insurgência contra todo o sistema, subversão de seus valores fundamentais, contumélia irremissível a seu arcabouço e corrosão de sua estrutura mestra.[35]

É um fato que o sistema jurídico submete-se, em conseqüência, ao dinamismo e ao ordenamento impostos pelos princípios.

Vê-se, por conseguinte, que não afasta tal raio de ação a complexidade dos elementos jurídicos que atuam dentro do seu círculo, pois o que visam os princípios é a disciplinar do melhor modo o comportamento dos homens, na vida social, impondo soluções às situações em conflito.

A atuação dos princípios força a identificação de um desenvolvimento da Ciência Jurídica que tem como objetivo conhecer as normas positivas, como defende *Kelsen*; mas, também prescrevê-las ou explicá-las, esforçando-se para buscar o que deveriam ou poderiam ser, apontando suas interpretações possíveis.

Ao cuidar de tais aspectos fundamentais para a valoração do ordenamento jurídico, vale lembrar as observações feitas por *José Joaquim Gomes Canotilho*, que diferencia o sentido útil do princípio

---

(35) MELLO, Celso Antônio Bandeira de. *Elementos de Direito Administrativo*. 2. ed. São Paulo: Revista dos Tribunais, 1990, p. 230.

da unidade da Constituição e o da unidade hierárquico-normativa, *verbis*:

> O princípio da unidade hierárquico-normativa significa que todas as normas contidas numa Constituição formal têm igual dignidade (não há normas só formais nem hierarquia de supra-infra-ordenação) dentro da lei constitucional. De acordo com esta premissa, só o legislador constitucional tem competência para estabelecer exceções à unidade hierárquico-normativa dos preceitos constitucionais (ex.: normas de revisão concebidas como normas superconstitucionais). Como se irá ver em sede de interpretação, o princípio da unidade normativa conduz à rejeição de duas teses, ainda hoje muito correntes na doutrina do direito constitucional: a tese das antinomias alternativas: a tese das normas constitucionais inconstitucionais.[36]

Sobreleva ressaltar que os princípios que comandam o ordenamento jurídico são relevantes porque decorrem do que substancialmente foi inserido, de modo explícito ou implícito, na Carta Magna.

E, ainda segundo *Esser*, citado por *Paulo Bonavides*[37]: "Princípios normativos são apenas aqueles institucionalmente eficazes, e o são na medida em que se incorporam numa instituição e só assim logram de eficácia positiva."

Essa normatização dos princípios do processo administrativo ocorreu a partir da promulgação da Carta Política brasileira de 1988 e, de forma mais específica, com a edição da Lei n. 9.784/99.

Após, portanto, a normatização explícita dos princípios aplicáveis ao processo administrativo, que se seu com a promulgação da Lei n. 9.784, de 29.1.1999[38], que dispõe sobre o processo administrativo no âmbito da Administração Pública federal, indene de dúvida, a observância dos princípios por parte da Administração Pública federal passou a lograr de eficácia positiva, sendo por via de conseqüência, obrigatório o respeito aos princípios ali impostos quando da formalização

---
(36) CANOTILHO, José Joaquim Gomes. *Direito Constitucional e Teoria da Comunicação.* Coimbra: Livraria Almedina, 1991, pp. 173-174.
(37) ESSER, 1964 *apud* BONAVIDES, 2000, p. 242.
(38) Lei 9.784/99 — Art. 2º A Administração Pública obedecerá, dentre outros, aos princípios da legalidade, finalidade, motivação, razoabilidade, proporcionalidade, moralidade, ampla defesa, contraditório, segurança jurídica, interesse público e eficiência.

dos atos administrativos, haja vista sua elevação em *norma normarum*, nas palavras do grande constitucionalista *Paulo Bonavides*, ou seja, norma das normas.

Feitas essas considerações, na busca da solução ao objetivo principal desse trabalho — demonstrar que o ato de despedida da sociedade de economia mista deve ser motivado — faz-se importante trazer à baila um breve da submissão das sociedades de economia mista aos princípios da Administração Pública e aos do processo administrativo.

Capítulo 3

DA SUBMISSÃO DAS SOCIEDADES DE ECONOMIA MISTA AOS PRINCÍPIOS DA ADMINISTRAÇÃO PÚBLICA E AOS DO PROCESSO ADMINISTRATIVO

É sabido que o processo administrativo cuida dos interesses públicos, dos interesses dos administrados e dos servidores públicos. Daí por que, como conseqüência lógica, existem os princípios gerais, com previsão no Texto Constitucional, que oferecem as linhas mestras que devem ser obedecidas. Tais limites servem para pautar a conduta do administrador e salvaguardar o patrimônio público, bem como servem de escopo para assegurar os direitos dos administrados. A doutrina chama-os de princípios da Administração Pública, e encontram assento no art. 37, *caput*, da Carta Política de 1988, assim conhecidos: princípios da legalidade, impessoalidade, moralidade, publicidade e eficiência[1].

Nesse sentido, ensina *Odete Medauar*:

Na doutrina, o rol de princípios do processo administrativo varia de autor para autor, segundo as concepções de cada um e o teor do direito legislado do respectivo país. Especificamente para o processo administrativo a Constituição prevê o princípio do contraditório e da ampla defesa. Os demais decorrem de formulação doutrinária e jurisprudencial e legal.[2]

Como uma das formas de introdução dos princípios ao processo administrativo é a legal, pode-se então afirmar que a Lei n. 9.784/99 (Lei Geral do Processo Administrativo Federal — LGPAF), que se aplica a todos os processos administrativos no âmbito da Administração Federal direta e indireta, onde aqui se encontram as sociedade de economia

---

(1) CF, Art. 37. A Administração Pública direta e indireta de qualquer dos Poderes da União, dos Estados, do Distrito Federal e dos Municípios obedecerá aos princípios de legalidade, impessoalidade, moralidade, publicidade e eficiência e, também, ao seguinte: [...].
(2) MEDAUAR, Odete. *Direito administrativo moderno*. São Paulo: Revista dos Tribunais, 1996, p. 96.

mista, traz, algumas premissas que foram denominadas ora de princípios, ora de critérios, ora de direitos e deveres.

O art. 1º da Lei n. 9.784, de 29.1.1999, ratificando a Constituição de 1988, traz como *princípios* aplicáveis aos processos administrativos, que devem presidir a atuação da Administração Pública: a *legalidade, finalidade, motivação, razoabilidade, proporcionalidade, moralidade, ampla defesa, contraditório, segurança jurídica, interesse público e eficiência.*

São estabelecidos como *critérios* nos incisos I a XIII do parágrafo único do art. 2º da LGPA: I — atuação conforme a lei e o Direito; II — atendimento a fins de interesse geral, vedada a renúncia total ou parcial de poderes ou competências, salvo autorização em lei; III — objetividade no atendimento do interesse público, vedada a promoção pessoal de agentes ou autoridades; IV — atuação segundo padrões éticos de probidade, decoro e boa-fé; V — divulgação oficial dos atos administrativos, ressalvadas as hipóteses de sigilo previstas na Constituição; VI — adequação entre meios e fins, vedada a imposição de obrigações, restrições e sanções em medida superior àquelas estritamente necessárias ao atendimento do interesse público; VII — indicação dos pressupostos de fato e de direito que determinarem a decisão; VIII — observância das formalidades essenciais à garantia dos direitos dos administrados; IX — adoção de formas simples, suficientes para propiciar adequado grau de certeza, segurança e respeito aos direitos dos administrados; X — garantia dos direitos à comunicação, à apresentação de alegações finais, à produção de provas e à interposição de recursos, nos processos de que possam resultar sanções e nas situações de litígio; XI — proibição de cobrança de despesas processuais, ressalvadas as previstas em lei; XII — impulsão de ofício, do processo administrativo, sem prejuízo da atuação dos interessados; XIII — interpretação da norma administrativa da forma que melhor garanta o atendimento do fim público a que se dirige, vedada aplicação retroativa de nova interpretação.

São os seguintes os *direitos dos administrados*, segundo o art. 3º, daquela lei: I — ser tratado com respeito pelas autoridades e servidores, que deverão facilitar o exercício de seus direitos e o cumprimento de suas obrigações; II — ter ciência da tramitação dos processos administrativos em que tenha a condição de interessado, ter vista dos autos, obter cópias de documentos neles contidos e conhecer as decisões proferidas; III — formular alegações e apresentar documentos antes da decisão, os quais serão objeto de consideração pelo órgão competente;

IV — fazer-se assistir, facultativamente, por advogado, salvo quando obrigatória a representação, por força de lei.

São os seguintes os *deveres dos administrados* por força do art. 4º, LGPAF, os quais expressam o dever de colaboração do indivíduo para com a administração: I — expor os fatos conforme a verdade; II — proceder com lealdade, urbanidade e boa-fé; III — não agir de modo temerário; IV — prestar as informações que lhe forem suscitadas e colaborar para o esclarecimento dos fatos.

Por sua vez, o art. 2º, da Lei n. 9.784/99, traz estampados os princípios que devem ser obedecidos pelos entes que compõem a Administração Pública, aqui compreendida a direta e a indireta, por expressa disposição legal do art. 1º da referida lei, conforme se depreende da dicção do artigo anteriormente aludido, *verbis*:

> Art. 2º A Administração Pública obedecerá, dentre outros, aos princípios da legalidade, finalidade, motivação, razoabilidade, proporcionalidade, moralidade, ampla defesa, contraditório, segurança jurídica, interesse público e eficiência.

Observe-se, a lei que dispõe sobre o processo administrativo federal cuidou em reproduzir dois dos princípios da Administração Pública, legalidade e eficiência, acrescentando por expressa disposição legal os demais princípios que de uma forma ou de outra já se encontravam normatizados, ora explícita ora implicitamente, no ordenamento jurídico brasileiro, como, *verbi gratia*, o princípio da motivação que era um corolário do princípio da legalidade.

Para efeito de estudo, adota-se a divisão dos princípios em dois grupos: no primeiro, estão os princípios da Administração Pública (CF, art. 37, *caput*): legalidade, impessoalidade, moralidade, publicidade e eficiência; no segundo grupo, os princípios do processo administrativo propriamente dito (Lei n. 9.784/99, art. 2º, *caput*): legalidade, finalidade, motivação, razoabilidade, proporcionalidade, moralidade, ampla defesa, contraditório, segurança jurídica, interesse público e eficiência.

3.1. Princípios da Administração Pública

Seguindo a classificação adotada para efeito de estudo, há no primeiro grupo os princípios constitucionais da Administração Pública, cujo assento está no *caput do* art. 37, o qual prevê como princípios da

Administração Pública direta e indireta *a legalidade, a impessoalidade, a moralidade, a publicidade e a eficiência.*

3.1.1. Princípio da legalidade

Tal postulado, consagrado após séculos de evolução política, tem por origem o surgimento do Estado de Direito, ou seja, do Estado que está sujeito às próprias leis que emanam do seu poder normativo.

Com efeito, o princípio da legalidade é a base da conduta dos agentes da administração. Este princípio ampara o particular e serve ao interesse público na defesa da norma positiva, dando-lhe um caráter de imparcialidade.

Assim, todo processo administrativo deve ter por escopo uma norma legal específica para garantir-lhe a legalidade dos seus atos, sob pena de tornar-se inválida, sob a óptica do inciso II do art. 5º da Carta Política: *"Ninguém será obrigado a fazer ou deixar de fazer alguma coisa senão em virtude de lei."*

Na visão de *Celso Antônio Bandeira de Mello*[3], o princípio da legalidade "implica subordinação completa do administrador à lei. Todos os agentes públicos, desde o que lhe ocupe a cúspide até o mais modesto deles, devem ser instrumentos de fiel e dócil realização das finalidades normativas"; ou seja, enquanto os administrados no campo privado podem fazer tudo o que a lei não proíbe, o administrador só poder atuar onde a lei autoriza.

O efeito desse postulado para o particular é de extrema importância. Havendo dissonância entre a conduta do administrador e a lei, deverá aquela ser corrigida para eliminar-se a ilicitude.

Há de fazer-se uma distinção entre o princípio da legalidade — que significa a sujeição e subordinação do comportamento às normas e prescrições editadas através do processo legislativo — e o princípio da reserva legal, que decorre daquele, em que a atuação da pessoa está subordinada à lei, de modo que determinadas matérias só podem ser normatizadas mediante lei formal.

Daí por que o regulamento que vai dispor sobre o processo administrativo deve ter suporte legal, deve observar se a matéria é

---

(3) MELLO Celso Antônio Bandeira de. Legalidade, motivo e motivação do ato administrativo. *Revista de Direito Público*, n. 90, pp. 57-58, 1991.

disciplinada mediante lei formal e se limita à atuação da administração ao cumprimento e observação das condições predeterminadas pela legislação.

3.1.2. Princípio da impessoalidade

Consiste este postulado na orientação obrigatória que a Administração deve ter quanto ao interesse público, afastadas todas e quaisquer inclinações ou interesses pessoais. Há de ser demonstrada a relação entre a finalidade buscada pelo legislador e os princípios do sistema legal, sob pena de inconstitucionalidade. Daí poder-se usar a expressão princípio da impessoalidade ou princípio da finalidade, pois deve estar presente a idéia de que os poderes da Administração precisam se voltar para as finalidades públicas.

Lívia Maria Armentano Koenigstein Zago, na sua obra "O Princípio da Impessoalidade", afirma categoricamente que o principal objetivo desse princípio é vedar o subjetivismo, os privilégios, as perseguições e arbitrariedades. Nas suas palavras,

> A impessoalidade comporta vários significados e denominações. Em seu delineamento político sinaliza neutralidade. Com referência à titularidade do poder, corresponde à desvinculação da pessoa física do governante. Visto sob o ângulo do exercício, seja do Governo, seja da Administração, implica no agir de forma objetiva, sem privilégios ou perseguições, sem favoritismos ou arbitrariedades. A vedação de subjetivismo, de privilégios, de perseguições e de arbitrariedade constitui a característica fulcral, o busílis do princípio da impessoalidade, seu traço mais marcante e destacado, em qualquer época e sob qualquer denominação. Esta característica é que imprime ao princípio da impessoalidade seu sentido ético, que entrelaça e identifica de maneira muito estreita e especial a outros princípios jurídicos, com destaque para os princípios da moralidade, da igualdade, da legalidade, da publicidade e da eficiência.[4]

Constitui o princípio da impessoalidade causa e justificativa para a obrigatoriedade, agora constitucionalmente imposta (art. 93, inciso IX), da motivação dos atos praticados pela Administração Pública no

---

(4) ZAGO, Lívia Maria Armentano Koenigstein. *O Princípio da impessoalidade*. Rio de Janeiro: Renovar, 2001, p. 178.

exercício de suas funções de legislar, administrar e de julgar. A motivação do ato e sua publicidade permitem a verificação da atividade exercida pelos poderes públicos em todos os seus aspectos: legalidade, moralidade, impessoalidade, competência, razoabilidade, proporcionalidade. É forçoso concluir-se que a inexistência de motivação, ou a motivação falha, implicam inconstitucionalidade e inquinam o ato de nulidade.

Há de ressaltar-se que o princípio da impessoalidade, ao determinar à Administração o agir sempre em consonância com o interesse público, fulminando com nulidade a prática de ato que dele se desvie, por qualquer motivo, seja de ordem pessoal, política, religiosa, seja propiciando favoritismos, perseguições, arbitrariedades, ou obtenção de vantagem, por parte do agente administrativo, do particular, ou de ambos, defende uma Administração objetiva, neutra e, portanto, proba.

Neste aspecto, *Lívia Maria Armentano Koenigstein Zago*, afirma:

[...] a impessoalidade comunga com o princípio da moralidade. A ligação intensa entre os dois princípios se destaca com clareza e precisão nestes dizeres da "Encíclica *Veritatis Splendor*", de *João Paulo II*: a transparência na Administração Pública, a imparcialidade no serviço da coisa pública ...e o uso justo e honesto do dinheiro público são princípios que têm sua base fundamental no valor transcendente da pessoa e nas exigências morais objetivas do funcionamento dos Estados. (extraído de *"Cuatro eyes Constitucionales"*, Roberto Dromi, Ed. Ciudad Argentina, Buenos Aires, 1996, pág. 20).[5]

É importante se dizer, na esteira de *Manoel de Oliveira Franco*[6], na obra "O Controle da Moralidade Administrativa", que a moralidade administrativa consiste pressuposto de validade do ato administrativo. Nas palavras do referido autor, "não se trata, contudo, da moral comum, mas sim da moral jurídica. E para a qual prevalece a necessária distinção entre o bem e o mal, o honesto e o desonesto, o justo e o injusto, o conveniente e o inconveniente, o oportuno e o inoportuno, o legal e o ilegal".

Moralidade e objetividade, pois, caminham *pari passu*. A Constituição brasileira de 1988, no § 4º, do art. 37, enredou os dois princípios

---

(5) *Ibid.*, p. 178.
(6) FRANCO SOBRINHO, Manoel de Oliveira. *O controle da moralidade administrativa*. São Paulo: Saraiva, 1974, p. 207.

na seguinte determinação, repassada fidedignamente pela legislação ordinária, que se constituiu na Lei n. 8.429, de 2 de junho de 1992: "os atos de improbidade administrativa importarão a suspensão dos direitos políticos, a perda da função pública, a indisponibilidade dos bens e o ressarcimento ao erário, na forma e gradação previstas em lei, sem prejuízo da ação penal cabível."

Os conceitos de moralidade e impessoalidade estão ligados. Ambos exigem comportamentos honestos, límpidos, condizentes com o interesse público. Obrigam à correta aplicação do dinheiro público. Fala-se numa moralidade administrativa, especial, própria do servidor e do Administrador, de acordo com as melhores regras de administração, sobretudo considerando ser o administrador público administrador de coisa alheia, comum, pertencente à sociedade.

A moralidade e a probidade, tuteladas por ação popular, nos termos do art 5º, LXXII, da Constituição Federal, também encontram respaldo na Lei n. 8.429/92, conhecida como Lei do Colarinho Branco. O encadeamento com o princípio da impessoalidade ressalta evidente em face do articulado de várias disposições desta Lei.

Lívia Zago assinala que não é fácil responder o que é improbidade. Pode-se perceber a probidade como gênero do qual a moralidade é espécie; também é possível considerar-se como gênero a moralidade, e como espécie a probidade, que não constitui um princípio, mas num dever, decorrente do princípio da moralidade. Moralidade e probidade, outrossim, podem ser entendidas como sinônimos[7].

Luiz Alberto Ferracini, citado por *Lívia Zago*[8], na obra referida, entende a improbidade como "má qualidade, imoralidade, malícia. Juridicamente, liga-se ao sentido de desonestidade, má fama, incorreção, má conduta, má índole, mau caráter".

Carlos Alberto Ortiz, igualmente citado por *Lívia Zago*, também enxerga a vinculação entre impessoalidade e improbidade. Comentando a respeito, assevera:

> o princípio da impessoalidade decorre da indisponibilidade do interesse público, no sentido de que o agente procede em conformidade com a lei e atento à finalidade da atividade administrativa,

---
(7) ZAGO, 2001, p. 187.
(8) Extraído de FERNANDES, 1997 *apud* ZAGO, *op. cit.*, p. 192.

sem cogitar de sua vontade. Deve atuar, pois, sem subjetivismo de qualquer espécie, alheio a seus preconceitos, ideologias, preferências e tendências, ainda que, positivamente não possa eliminar todas essas influências no enfoque da lei, que sempre precisa interpretar para aplicar.[9]

A impessoalidade também poder ser, ainda que não necessariamente, aspecto apreciável da probidade administrativa. A exação funcional há de ser primordialmente asséptica, livre da contaminação de subjetivismo. Não será demais dizer que a impessoalidade previne a moralidade e pode até elidir a improbidade nos casos em que não se dispense a perquirição do elemento subjetivo (culpa ou dolo).

Os atos de improbidade administrativa, nos termos da Lei n. 8.429/92, são de três espécies: os que importam enriquecimento ilícito, os que causam prejuízo ao erário e os que afrontam os princípios da Administração Pública. Nesse sentido, o malferimento aos princípios, como ocorre na hipótese de demissão sem motivação, chega a ser um ato de improbidade.

O princípio da impessoalidade tem o significado de coibição à improbidade, porque também opera no campo dos valores e ideais da sociedade, obrigando a comportamentos dignos e honestos, direcionados aos interesse da coletividade. Assim também serve para inibir a corrupção.

Concorda-se com *José Alfredo de Oliveira Baracho* ao afirmar que os princípios estão dentre as formas de controle da corrupção. Veja-se:

> Para o controle da corrupção são necessários preceitos constitucionais, princípios, legislação adequada e o cumprimento de todos eles, para a efetivação de uma sociedade correta. A ética pública efetiva-se através de diversos mecanismos pelos quais se pode realizar o controle da Administração Pública, enumerando-se entre eles os seguintes: limitação da atuação do estado, objetivando a solução de conflitos de interesse no campo privado e público; prevalência do interesse público sob o particular, proibindo-se a utilização de cargos em benefício próprio, evitando-se a predominância dos interesses pessoais, nas questões submetidas à administração, a legalidade do gasto público e do exercício das atribuições públicas; a transparência das

---
(9) ZAGO, *op. cit.*, p. 194.

atuações administrativas, inclusive através da informação pública detalhada do exercício das atribuições, destino e origem dos recursos e fundos, o aprimoramento do serviço público, com resguardo do direito da cidadania, sem discriminações, a igualdade de todos os cidadãos e servidores públicos, por meio de normas homogêneas, claras, objetivas, justas, não-discriminatórias, não-privilegiadoras e de excepcionalidade.[10]

Por certo, o princípio da impessoalidade muito contribui para o controle da corrupção.

A bem da verdade, o que se busca é que a coisa pública ou a atividade pública não sejam apropriadas ou *privatizadas*. A função pública não pode ser desviada para atingir finalidade pessoal contra o interesse geral da sociedade. Daí por que se entende que este princípio está intimamente ligado à necessidade de motivação dos atos de despedida das sociedades de economia mista, como será demonstrado logo mais à frente. Entendimento contrário leva à violação dos princípios, com a conseqüente necessidade de intervenção do Poder Judiciário, visando ao restabelecimento da boa ordem jurídica.

3.1.3. Princípio da moralidade

A moralidade pode ser entendida como o conjunto de regras de conduta tiradas da disciplina interior da Administração, reconhecendo como uma instituição finalisticamente orientada, no sentido de que os seus agentes, além de estarem submetidos à forma da lei, devem ter uma conduta profissional dentro dos padrões morais correntes. A moralidade administrativa está relacionada com a finalidade pública e, por conseguinte, não basta observar os aspectos da lei formal, mas também se no processo administrativo existe um compromisso com a honestidade e com o interesse público.

3.1.4. Princípio da publicidade

O processo administrativo tem que seguir o princípio da publicidade, de modo a expor o controle dos administrados à atuação pública. O

---

[10] BARACHO, José Alfredo de Oliveira. O Enriquecimento Injusto como Princípio Geral de Direito Administrativo. *Revista do Direito Administrativo*, v. 3, p. 38, out./dez. 1997, p. 38.

interessado deve ter acesso ao processo, o que significa ser citado ou intimado de todos os atos processuais, poder examinar e fazer anotações do que entender de seu interesse, permitindo, inclusive, requerer certidão das peças que desejar, a não ser que o interesse público determine que haja o sigilo, hipóteses asseguradas pelos incisos XXXIII e LX do art. 5º da Constituição Federal.

Cabem exceções ao princípio da publicidade, no momento em que este direito de acesso afrontar garantias constitucionais, pois pode ser excepcionado, instaurando-se a sua tramitação de forma sigilosa. Isso ocorre quando do processo possam constar dados atinentes à intimidade da pessoa, direito consagrado constitucionalmente.

Foi regularizado o acesso a documentos públicos considerados sigilosos a partir da edição do Decreto Federal n. 2.134, de 24.1.1997, regulamentado a Lei Federal n. 8.159, de 8.1.1991.

A Emenda Constitucional n. 19, de 1998, relativa à *Reforma Administrativa*, incluiu no *caput* do art. 37, da Constituição Federal, o princípio da eficiência, que pode ser compreendido como o dever imposto a todo agente público de efetuar suas atribuições, como a doutrina já entendeu, com *"presteza, perfeição e rendimento funcional"*.

Saliente-se, por derradeiro, que a publicidade contribui para a responsabilização do administrador no exercício de suas funções, não mais podendo esconder-se atrás do anonimato da pessoa jurídica que representa.

3.1.5. Princípio da eficiência

O princípio da eficiência proveio, foi incorporado no ordenamento constitucional, através da Emenda Constitucional n. 19/98, que o incorporou ao texto primitivo da Constituição de 1988 (art. 37, *caput*). Ele já existia na legislação infraconstitucional, a exemplo do Decreto-lei n. 200/67 (arts. 13 e 25, V), da Lei de Concessões e Permissões (Lei n. 8.987/95, arts. 6º e 7º) e do Código de Defesa do Consumidor (Lei n. 8.087, arts. 4º, VII; 6º, X; e 22).

A introdução do princípio da eficiência, ao lado dos demais princípios clássicos da legalidade, impessoalidade, moralidade e publicidade, calcou-se no argumento de que o aparelho estatal deve-se revelar apto para gerar benefícios, prestando serviços à sociedade e respeitando o cidadão.

Eficiência traduz idéia de presteza, rendimento funcional, responsabilidade no cumprimento de deveres impostos a todo e qualquer agente público. Seu objetivo principal é a obtenção de resultados positivos no exercício dos serviços públicos, satisfazendo as necessidades básicas dos administrados.

Tem o princípio da eficiência sua matriz na doutrina italiana, podendo ser compreendido como princípio moderno da função administrativa. Com efeito, a eficiência equivale a um reclamo contra a burocracia estatal, sendo uma tentativa para combater a malversação dos recursos públicos, a falta de planejamento, os erros repetidos mediante práticas gravosas que causam prejuízo ao erário e ao cidadão contribuinte.

Com efeito, a eficiência e a eficácia da Administração Pública são faces de uma mesma moeda. Enquanto a eficiência colima resolver problemas, por meio do cumprimento de deveres, voltados para reduzir custos, a eficácia — palavra polissêmica que logra vários sentidos — tem em vista a produção de opções racionais e criativas para obter lucros e resultados positivos. Ambas, compreendidas como instrumentos de gerenciamento de crises, podem servir para a implantação de um governo empreendedor, que produz receitas e diminui despesas.

O princípio constitucional da eficiência é de aplicação imediata. Seus efeitos são plenos, porque não há necessidade de norma infraconstitucional para implementá-lo. Apesar de tal previsão, a Lei n. 9.784/99 vem confirmar como aplicável aos processos administrativos no âmbito da administração federal este princípio.

É importante notar que a eficiência é uma diretriz autônoma, que não se coloca como subprincípio de nenhum outro primado nem, muito menos, se contrapõe ao ditame da legalidade, fundamental para a Administração, a qual não pode conviver com vínculos jurídicos formados ilicitamente. Vale ressaltar que a eficiência nutre relação com a proporcionalidade, no sentido da busca de resultados, servindo de controle para certas medidas legislativas, de cunho burocrático e formalista, as quais recaem num legalismo que não leva a lugar nenhum, que percorre os diversos níveis da Administração Pública, sem trazer qualquer benefício a ela e aos administrados.

Nesse diapasão, o princípio constitucional da eficiência poderá contribuir, ainda, para o fortalecimento da teoria da convalidação do ato administrativo, a qual procura justificar o saneamento da invalidade de um ato, legitimando seus efeitos pretéritos.

3.2. Princípios do processo administrativo propriamente dito

No segundo grupo de estudo dos princípios, tem-se o rol, com previsão no art. 2º, da Lei n. 9.784/99, onde estão dispostos os princípios do processo administrativo propriamente dito: legalidade, finalidade, motivação, razoabilidade, proporcionalidade, moralidade, ampla defesa, contraditório, segurança jurídica, interesse público e eficiência.

3.2.1. Princípio da finalidade

O administrador, segundo este postulado, somente pode perseguir objetivos que atendam ao interesse da coletividade, isto é, o alvo administrativo deve consistir sempre na satisfação do interesse público.

A atividade administrativa é teleológica, ou seja, visa ao fim e não à vontade. Supõe, assim, a atividade administrativa, a preexistência de uma regra jurídica que lhe reconhece finalidade própria.

É regra comezinha do Direito que ocorre desvio de poder ou de finalidade, e a conseqüente nulidade do ato, quando a atuação administrativa tomar rumo diverso da finalidade pública. É possível, entretanto, que o resultado não seja totalmente estranho ao interesse público, mas o desvio se revela, assim mesmo, porque o fim não é exatamente aquele assinalado pela lei para aquele ato[11].

Nas palavras de Ney José Freitas, com supedâneo no magistério de Celso Antônio Bandeira de Mello, tomar uma lei como suporte para prática desconforme com sua finalidade não é aplicar a lei: é desvirtuá-la; é burlar a lei sob pretexto de cumpri-la. Desatender o fim legal é desatender a própria lei. O abuso do poder é uso do poder além dos limites. E um dos limites do poder é a finalidade para qual deve ser utilizado[12].

3.2.2. Princípio da motivação

Este princípio é a justificativa expressa de que o agente administrativo, no exercício do munus público, tem o dever de mencionar

---

(11) MELLO, 2003, pp. 52-53.
(12) Ibid., pp. 52-53.

expressamente nas suas decisões os motivos, as razões que o conduziram à prática do ato, sob pena de nulidade (Lei n. 9.784/99; CF, art. 93, IX e X).

Por força do princípio da motivação, a autoridade administrativa deve apresentar as razões que a levaram a tomar uma decisão. A motivação é, assim, uma exigência do Estado de Direito, ao qual é inerente, entre outros direitos dos administrados, o direito a uma decisão fundada, motivada, com expressão dos motivos.

Sem a explicitação dos motivos, resta difícil sopesar ou aferir a correção daquilo que foi decidido, por isso, é essencial que se apontem os fatos, as inferências feitas e os fundamentos da decisão.

A falta de motivação no ato discricionário abre a possibilidade de ocorrência de desvio ou abuso de poder, dada a dificuldade ou, mesmo, a impossibilidade de efetivo controle judicial, pois, pela motivação, é possível aferir a verdadeira intenção do agente.

A falta de uma motivação (ou, se se preferir, *contrario sensu*, a presença de uma motivação inconstitucional ou ilegal), torna o ato praticado inconstitucional, pois fere frontalmente o art. 37, *caput*, da Lei Fundamental.

Hely Lopes Meirelles leciona sobre a importância da motivação para qualquer ato administrativo:

> Motivo — O *motivo* ou *causa* é a situação de direito ou de fato que determina ou autoriza a realização do ato administrativo. O motivo, como elemento integrante da perfeição do ato administrativo, pode vir expresso em lei como ser deixado ao critério do administrador. No primeiro caso será um elemento vinculado; no segundo, discricionário, quanto à sua existência e valoração.
>
> Como visto no cap. II, item II, a Lei n. 9.784/99 alçou a *motivação* à categoria de *princípio*. Denomina-se *motivação* a exposição ou a indicação por escrito dos fatos e dos fundamentos jurídicos do ato (cf. art. 50, *caput*, da Lei n. 9.784/99). Assim, motivo e motivação expressam conteúdos jurídicos diferentes. Hoje, em face da ampliação do princípio do acesso ao Judiciário (CF, art. 5º, XXXV), conjugado com o da moralidade administrativa (CF, art. 37, *caput*), a motivação é, em regra, obrigatória. Só não o será quando a lei a dispensar ou se a natureza do ato for com ela incompatível. Portanto, na atuação vinculada ou não discricionária, o agente da Administração, ao praticar o ato, fica na

obrigação de justificar a existência do motivo, sem o quê o ato será inválido ou, pelo menos, invalidável, por ausência de motivação.[13]

O próprio Estado de Direito, como já salientado, só é alcançável mediante a observância de uma motivação válida do ato ou procedimento administrativo. Nenhum ato ou procedimento administrativo, como é o caso do ato de despedida de sociedade de economia mista, pode deixar de conter a motivação que levou a sua prática, sob pena de nulidade, como será demonstrado mais à frente.

Lançando mão, mais uma vez, dos ensinamentos do mestre *Hely Lopes* vê-se que:

> O princípio da motivação dos atos administrativos, após a Constituição Federal de 1988, está inserido no nosso regime político. É, assim, uma exigência do direito público e da legalidade governamental. Do Estado absolutista, em que preponderava a vontade pessoal do monarca com força de lei — *quod principi placuit legis habet vigorem* —, evoluímos para o Estado de Direito, onde só impera a vontade das normas jurídicas. Nos Estados modernos já não existe a autoridade pessoal do governante, senão a autoridade impessoal da lei. A igualdade de todos perante a lei e a submissão de todos somente à lei constituem os dois cânones fundamentais dos Estados de Direito. A nossa Constituição consagrou tais princípios em termos inequívocos ao declarar que 'todos são iguais perante a lei' (art. 5º, *caput*) e que 'ninguém será obrigado a fazer ou deixar de fazer alguma coisa senão em virtude de lei' (art. 5º, II).
>
> [...]
>
> Ora, se ninguém é obrigado a fazer ou deixar de fazer alguma coisa senão em virtude de lei, claro está que todo ato do Poder Público deve trazer consigo a demonstração de sua base legal e de seu motivo. Assim como todo cidadão, para ser acolhido na sociedade, há de provar sua identidade, o ato administrativo, para ser bem recebido pelos cidadãos, deve patentear sua legalidade, vale dizer, sua identidade com a lei. Desconhecida ou ignorada sua legitimidade, o ato da autoridade provocará sempre suspeitas e resistências, facilmente arredáveis pela motivação.
>
> [...]

---

(13) MEIRELLES, 2002, p. 149.

A motivação, portanto, deve apontar a causa e os elementos determinantes da prática do ato administrativo, bem como o dispositivo legal em que se funda. Esses motivos afetam de tal maneira a eficácia do ato que sobre eles se edificou a denominada *teoria dos motivos determinantes*, delineadas pelas decisões do Conselho de Estado da França e sistematizada por *Jèze* (v. cap. IV e item V).

Em conclusão, com a Constituição de 1988 consagrando o princípio da moralidade e ampliando o acesso ao Judiciário, a regra geral é a obrigatoriedade da motivação, para que a atuação ética do administrador fique demonstrada pela exposição dos motivos do ato e para garantir o próprio acesso ao Judiciário.[14]

No mesmo sentido, ensina *Maria Sylvia Zanella di Pietro*:

Entendemos que a motivação é, em regra, necessária, seja para os atos vinculados, seja para os discricionários, pois constitui garantia de legalidade, que tanto diz respeito ao interessado como à própria Administração Pública; a motivação é que permite a verificação, a qualquer momento, da legalidade do ato, até mesmo pelos demais Poderes do Estado.[15]

Leis infraconstitucionais têm proclamado a necessária observância ao princípio da motivação.

Nesse passo, o legislador editou a Lei Federal n. 9.784/99, cujo âmbito de incidência é aplicável a todos os que compõem a Administração Pública, aqui incluídas as sociedades de economia mista (art. 1º), para observância obrigatória ao princípio da motivação (art. 2º, *caput*), havendo, no parágrafo único, inciso VII, do referido art. 2º, a exigência de "indicação dos pressupostos de fato e de direito que determinarem a decisão".

Mencionada lei estabelece que, no processo e nos atos administrativos, a motivação é atendida com a "indicação dos pressupostos de fato e de direito" que determinarem a decisão ou o ato (parágrafo único do art. 1º e art. 50). A motivação "deve ser explícita, clara e congruente" (§ 1º do art. 50), sob pena de, não permitindo o seu devido entendimento, não atender aos seus fins, e, por via de conseqüência, acarretar a nulidade do ato. Reza, ainda, a mencionada lei que a

---
(14) MEIRELLES, 2002, pp. 95-98.
(15) DI PIETRO, 2003, p. 195.

motivação é obrigatória quando os atos "neguem, limitem ou afetem direitos e interesses; imponham ou agravem deveres, encargos ou sanções; decidam processos administrativos de concurso ou de seleção pública; dispensem ou declarem a inexigibilidade de processo licitatório; decidam recursos administrativos; decorram de reexame de ofício; deixem de aplicar jurisprudência firmada sobre a questão ou discrepem de pareceres, laudos, propostas e relatórios oficiais; importem anulação, revogação, suspensão ou convalidação de ato administrativo" (art. 50, I a VIII). Quando se tratar de "decisões de órgãos colegiados ou de decisões orais", a motivação "constará da respectiva ata ou de termo escrito" (§ 3º do art. 50). Na busca pela eficiência, a lei permite que, na "solução de vários assuntos da mesma natureza", seja utilizado meio mecânico que reproduza os fundamentos das decisões, desde que não prejudique direito ou garantias dos interessados" (§ 2º do art. 50).

Como se observa, a motivação há de ser clara e explícita, além de que, nas hipóteses de atos que neguem, limitem ou afetem direitos ou interesses, imponham ou agravem deveres, encargos ou sanção devem ser obrigatoriamente motivados.

Conclui-se, portanto, que o ato de despedida da sociedade de economia mista deve ser motivado, por duas razões lógicas: uma, porque o mencionado ato se encontra entre as hipóteses que afetam direito ou interesse do empregado; em segundo lugar, porque, estando aquela sociedade jungida aos ditames da Lei n. 9.784/99, obrigatoriamente, está sujeita aos seus ditames, entre os quais o de motivar os seus atos.

3.2.3. Princípio da razoabilidade

A lei, por tal princípio, pretende invalidar aqueles atos que, nos processos administrativos, apresentem incongruência entre o motivo e o objeto. Há que se demonstrar que o motivo não se coaduna com o objetivo de evocação.

José dos Santos Carvalho Filho[16] entende que "é necessário examinar com precisão o sentido desse princípio, sob pena de se chegar a conclusões dissonantes dos postulados do direito".

---

(16) CARVALHO FILHO, José dos Santos. *Manual de Direito Administrativo*. Rio de Janeiro: Freitas Bastos, 1997, pp. 16-17.

A razoabilidade tem duas dimensões, a *racionalidade* (atenção às regras de lógica) e a razoabilidade em sentido estrito (o que é o consenso da sociedade sobre um determinado ponto, ou seja, o que é o bom senso da coletividade).

Na solução do problema da aplicação dessas duas dimensões, traz-se a lição de *José dos Santos Carvalho Filho*, que assim ensina:

Razoabilidade é qualidade do que é *razoável*, ou seja, aquilo que se situa dentro dos limites aceitáveis, ainda que os juízos de valor que provocaram a conduta possam dispor-se de forma um pouco diversa. Ora, o que é totalmente razoável para uns, pode não ser para outros. Mas, mesmo quando não o seja, é de reconhecer-se que a valoração se situou dentro dos *standards* de aceitabilidade. Dentro desse quadro, não pode o juiz controlar a conduta do administrador sob a mera alegação de que não a entendeu *razoável*. Não lhe é lícito substituir o juízo de valor do administrador pelo seu próprio, porque a isso se coloca o óbice da separação de funções, que rege as atividades estatais. Poderá, isto sim, e até mesmo deverá controlar os aspectos relativos à legalidade da conduta, ou seja, verificar se estão presentes os requisitos que a lei exige para a validade dos atos administrativos.[17]

E continua por afirmar que "a razoabilidade vai se atrelar à congruência lógica entre as situações postas e as decisões administrativas", gerando a falta da referida congruência" a violação ao princípio da legalidade, "porque, no caso, ou há vício nas razões impulsionadoras da vontade, ou o vício estará no objeto desta. A falta de razoabilidade, na hipótese, é puro reflexo da inobservância de requisitos exigidos para a validade da conduta".

Nessa mesma linha de raciocínio, brilhantemente, conclui[18]: "Quando a falta de razoabilidade se calca em situação na qual o administrador tenha em mira algum interesse particular, violado estará sendo o princípio da moralidade, ou da impessoalidade [...]." Significa dizer, por fim, que não pode existir violação ao referido princípio quando a conduta administrativa é inteiramente revestida de licitude.

---

(17) CARVALHO FILHO, 1997, pp. 16-17.
(18) *Ibid.*, pp. 16-17.

3.2.4. Princípio da proporcionalidade

Enuncia a idéia de que as competências administrativas só podem ser validamente exercidas na extensão e intensidade proporcionais ao que seja realmente demandado para o cumprimento da finalidade do interesse público a que estão atreladas. Nenhum gravame imposto ao indivíduo deve ter dimensão maior do que a exigida pelo interesse público. Nas palavras de *Jellinek* "não se abatem pardais com canhões"[19].

A medida tomada pelo administrador em nome desse princípio deve obedecer ao tripé adequação, necessidade ou exigibilidade e proporcionalidade em sentido estrito. *Adequada* — diz-se quando a medida é de natureza a realizar um direito fundamental. *Exigível* — apenas aquele meio é necessário para evitar o mal (aquele meio é necessário para atingir os direitos fundamentais). *Proporcionalidade em sentido estrito* — proibição de excessos; a medida deve causar o menor mal possível.

Como se vê, a Lei n. 9.784/99 (LGPA) consagra tal princípio explicitamente, determinando, no processo, como de resto em toda a atividade administrativa, uma "adequação entre meios e fins, vedada à imposição de obrigações, restrições e sanções em medida superior àquelas estritamente necessárias ao atendimento do interesse público" (art. 2º, VI).

3.2.5. Princípio da ampla defesa

Esse princípio decorre do *due processo of law* (devido processo legal) e foi agregado à Constituição Federal de 1988, no seu art. 5º, inciso LV[20]. Reza o Carta Constitucional que ninguém será privado da liberdade ou de seus bens sem o devido processo legal (CF, art. 5º, LIV).

---

(19) BONAVIDES, Paulo. *Ciência Política*. São Paulo: Forense, 1983, p. 108.
(20) A Constituição Federal, no seu art. 5º, LV, reza que "aos litigantes, em processo judicial ou administrativo, e aos acusados em geral são assegurados o contraditório e ampla defesa, com os meios e recursos a ela inerente". Esse postulado tem respaldo na Declaração Universal dos Direitos do Homem, de 1948, art. XI, n. 1 que diz que: "Todo homem acusado de um ato delituoso tem o direito de ser presumido inocente até que a sua culpabilidade tenha sido provada de acordo com a lei, em julgamento público no qual lhe tenham sido asseguradas todas as garantias necessárias à sua defesa."

Para *Cármen Lúcia Antunes Rocha*[21], o devido processo legal, vinculador de todo procedimento administrativo, compreende um conjunto de elementos jurídicos garantidores de direitos fundamentais quando ameaçados, lesados ou simplesmente questionados, tais como o direito à ampla defesa, ao contraditório, ao juízo objetivo e devidamente motivado, atuando como instrumento legitimador da ação administrativa. E conclui que o direito constitucional ao devido processo legal na via administrativa inclui pelo menos as seguintes garantias básicas por parte do administrado: *a) direito de ser ouvido; b) direito ao oferecimento e produção de provas; c) direito a uma decisão fundamentada.*

Pode-se entender a *garantia à ampla defesa* como a oportunidade de contestar-se, produzir provas de seu direito, acompanhar os atos de instrução e utilizar os recursos cabíveis, ou seja, devem ser asseguradas as condições para que a defesa possa ser ampla e justa.

A Lei n. 9.784/99 (LPA), sob essa óptica, consagra como direito básico do administrado no processo administrativo, "formular alegações e apresentar documentos antes da decisão, os quais serão objeto de consideração pelo órgão competente (art. 3º, III)". Por outro lado, a ampla defesa também implica o direito de impugnar a decisão pronunciada, ainda na via recursal administrativa, sem óbices pecuniários (cauções, depósitos) sejam impostos, dificultando, e, em alguns casos, inviabilizando o preceito constitucional da ampla defesa.

É importante frisar que, com fundamento no princípio da ampla defesa, o administrado ou servidor público gozam do direito de não se incriminar.

Segundo *Maria Sylvia Zanella Di Pietro*:

> O princípio da ampla defesa é aplicável em qualquer tipo de processo que envolva situações de litígio ou poder sancionário do Estado sobre pessoas físicas e jurídicas. É o que decorre do art. 5º, LV, da Constituição e está também expresso no art. 2º, parágrafo único, da Lei n. 9.784, que impõe, nos processos administrativos, sejam assegurados os direitos à comunicação, à apresentação de alegações finais, à produção de provas e à interposição de recursos, nos processos de que possam resultar sanções e nas situações de litígio.[22]

---

(21) ROCHA, Carmem Lúcia Antunes. Devido processo legal. *Revista de Informação Legislativa*, ano 34, n. 136, 1997, p. 15.
(22) DI PIETRO, 2003, p. 491.

Há de observar-se que a Constituição não mais limita o contraditório e ampla defesa aos processos administrativos punitivos em que haja acusados; todavia, estende tais garantias a todos os procedimentos administrativos punitivos (externos e disciplinares) ou não punitivos, ainda que neles não haja acusados, mas simplesmente litigantes (CF, art. 5º, LV), ou seja, sempre que haja conflito de interesses, hão de ser observados ambos os princípios.

3.2.6. Princípio do contraditório

A respeito desse princípio, *Nelson Nery Costa*, esclarece:

O direito de ampla defesa exige a bilateralidade, determinando a existência do contraditório. Entende-se, com propriedade, que o contraditório está inserido dentro da ampla defesa, quase com ela se confundido integralmente, na medida em que uma defesa não pode ser senão contraditória, sendo esta a exteriorização daquela. Frente a todo ato produzido, deve caber igual direito da outra parte de opor-se ou dar-lhe outra versão, que não a já posta, ou, mesmo, dando outra interpretação jurídica diferente da feita pela acusação. *Celso Ribeiro Bastos* afirma, com precisão, que decorre "daí o caráter dialético do processo que caminha através de contradições a serem finalmente superadas pela atividade sintetizadora do juiz", não bastando o simples oferecimento de oportunidade para produção de provas, mas também a quantidade e a qualidade de defesa devem ser satisfatórias.[23]

Em sintonia com o princípio do contraditório e da ampla defesa, a Lei n. 9.784/99 assegura ao administrado os direitos de ter ciência da tramitação dos processos administrativos em que possua a condição de interessado, de ter vista dos autos, de obter cópias de documentos neles contidos e conhecer as decisões proferidas; formular alegações e apresentar documentos antes da decisão, os quais serão objeto de consideração pelo órgão competente; fazer-se assistir, facultativamente, por advogado, salvo quando obrigatória a representação, por força de lei (art. 3º, incisos II, III e IV).

O art. 46 da lei concede o direito à vista do processo e a obter certidões ou cópias reprográficas dos dados e documentos que o integram,

---

(23) COSTA, Nelson Nery. *Processo Administrativo e suas espécies*. Rio de Janeiro: Forense, 2000, p. 15.

ressalvando, porém, os dados e documentos de terceiros protegidos por sigilo ou pelo direito à privacidade, à honra e à imagem.

A Lei n. 9.784/99 impõe, ainda, como decorrência do princípio do contraditório, a intimação do interessado nos seguintes casos: para ciência de decisão ou efetivação de diligências (art. 26); para conhecimento de atos do processo que resultem em imposição de deveres, ônus, sanções ou restrição ao exercício de direitos e atividades e para os atos de outra natureza, de seu interesse (art. 28); para a prestação de informações ou a apresentação de provas (art. 39), para apresentar alegações, em caso de interposição de recurso (art. 62). A intimação deve ser feita com antecedência mínima de três dias úteis quanto à data de comparecimento (§ 2º do art. 26) ou para apresentação de prova ou realização de diligência (art. 41), podendo ser efetuada por ciência no processo, por via postal com aviso de recebimento, por telegrama ou meio outro que assegure a certeza da ciência do interessado (§ 3º do art. 26); no caso de interessados indeterminados, desconhecidos ou com domicílio indefinido, a intimação deve ser efetuada por meio de publicação oficial (§ 4º do art. 26).

A inobservância da lei no que diz respeito à intimação é causa de nulidade; porém, o comparecimento do administrado supre sua falta ou irregularidade (§ 5º do art. 26). Além disso, o desatendimento da intimação não importa o reconhecimento da verdade dos fatos, nem a renúncia a direito pelo administrado (art. 27).

Na fase de instrução, o interessado pode juntar documentos e pareceres, requerer diligências e perícias, bem como aduzir alegações referentes à matéria objeto do processo (art. 38); terminada a instrução, ele tem o direito de manifestar-se no prazo máximo de dez dias, salvo se outro prazo for legalmente fixado (art. 44).

Vê-se, por conseguinte, que o escopo maior do contraditório é a possibilidade de manifestação de uma garantia maior, ou seja, sua ampla defesa, daí por que se afirma que o contraditório está inserido na própria ampla defesa.

3.2.7. Princípio da segurança jurídica

Maria Sylvia Zanella Di Pietro[24] ressalta, em sua obra já aqui referida, que, apesar de tal postulado não estar incluído entre os princípios

---
(24) DI PIETRO, 2003, p. 84.

da Administração Pública nos livros de Direito Administrativo, a Lei n. 9.784/99 passou a incluí-lo no processo administrativo. Afirma que a inclusão de tal princípio se deu com o objetivo de "vedar a aplicação retroativa de nova interpretação de lei no âmbito da Administração Pública" (art. 2º, parágrafo único).

O princípio citado tem que ser aplicado com parcimônia, para não se levar ao despautério de impedir a Administração de anular atos praticados com inobservância da lei. Ensina a autora que "nesses casos não se trata de mudança de interpretação, mas, de ilegalidade, esta sim a ser declarada retroativamente, já que atos ilegais não geram direitos"[25].

Vale lembrar, por último, que, em nome do *princípio da autotutela*, não precisa a administração ser provocada para o fim de rever seus atos. Pode fazê-lo de ofício. Este princípio envolve dois aspectos quanto à atuação administrativa: a) aspectos de legalidade, em relação aos quais a Administração, de ofício, procede à revisão de atos ilegais; e b) aspectos de mérito, em que reexamina atos anteriores quanto à conveniência e oportunidade de sua manutenção.

3.2.8. Princípio da supremacia do interesse público

Sabe-se que as atividades administrativas são desenvolvidas pelo Estado para benefício da coletividade. Não é o indivíduo sozinho destinatário de tal atividade, mas, o grupo social como um todo. Logo, num conflito entre o interesse público e privado, há de prevalecer o interesse público, da coletividade. O Estado, nesse sentido, confunde-se com o próprio bem-estar da comunidade geral.

A aplicação desse princípio, todavia, não significa violação ao interesse privado, nas palavras de *Diógenes Gaparini*, *verbis*:

> A aplicabilidade desse princípio, por certo, não significa o total desrespeito ao interesse privado, já que a Administração deve obediência ao direito adquirido, à coisa julgada e ao ato jurídico perfeito, consoante prescreve a Lei Maior (art. 5º, XXXVI). De sorte que os interesses patrimoniais afetados pela prevalência do interesse público devem ser indenizados cabalmente.[26]

---

(25) DI PIETRO, 2003, p. 85.
(26) GASPARINI, Diógenes. *Direito Administrativo*. 9. ed. São Paulo: Saraiva, 2004, p. 19.

De fato, diante do atrito entre o interesse público e o interesse particular, prevalece aquele amparado pela Administração Pública. Esse preceito comporta exceções; porém, podendo, eventualmente, ocasionar uma colisão de princípios. Já restou demonstrado que a aplicação de um princípio na área de atuação de outro, em determinada situação concreta, não provoca a destruição de qualquer deles, mas, apenas, breve diminuição em sua eficácia, reclamando como solução uma harmonização por meio de operações de concordância.

Não se deve confundir interesse do Estado como pessoa jurídica de direito público, como se houvesse completa semelhança entre os interesses deste e os denominados interesses públicos. Com efeito, em determinadas situações, o Estado age em interesse próprio, sem qualquer vínculo com os interesses da coletividade. Nesta hipótese, deve prevalecer o interesse do particular.

A propósito do conceito de interesse público, colhem-se os ensinamentos de *Marçal Justen Filho, ad litteram*:

> O Estado não possui "interesses" qualitativamente similares aos "interesses" dos particulares, pois não existe para buscar satisfações similares às que norteiam a vida dos particulares. A tentativa de obter a maior vantagem possível é válida e lícita, observados os limites do Direito, apenas para os sujeitos privados. Não é admissível, para o Estado, que somente está legitimado a atuar para realizar o bem comum e a satisfação geral. O Estado não pode ludibriar, espoliar ou prevalecer-se da fraqueza ou da ignorância alheia. Não se admite que tal ocorra nem mesmo dentro dos limites que seria lícito ao particular atuar.[27]

O objetivo do princípio do interesse público é preservar o interesse geral, pois é para isso que existe o complexo normativo que constitui o regime jurídico administrativo, e não para oferecer instrumentos a fim de que o Estado possa sufocar o cidadão, destituindo-o de direitos fundamentais constantes da ordem constitucional.

Assim, se a Lei n. 9.784/99 veio para regulamentar os processos administrativos no âmbito da Administração Pública, não se pode imaginar que os atos de despedida das sociedades de economia mista não estariam sujeitos à motivação, ainda que nessa asserção fosse pensado que o interesse público haveria de prevalecer. No caso em

---

(27) JUSTEN FILHO, 1997 *apud* FREITAS, 2002, pp. 64-65.

estudo, há de prevalecer o interesse do particular — motivação do ato de despedida — em contrapartida ao interesse do Estado de despedir sem motivação, com violação expressa aos direitos e garantias individuais e ao Estado Democrático de Direito.

3.3. Dos efeitos da normatividade dos princípios

Com efeito, segundo os ensinamentos ofertados pelo constitucionalista *Paulo Bonavides*[28], "não há distinção entre princípios e normas; os princípios são dotados de normatividade, as normas compreendem regras e princípios, a distinção relevante não é, como nos primórdios da doutrina, entre princípios e normas, mas entre regras e princípios, sendo as normas o gênero, e as regras e os princípios a espécie".

A normatividade dos princípios caminha para o passo final da incursão teórica: a demonstração do reconhecimento da superioridade e hegemonia dos princípios na pirâmide normativa; supremacia que não é unicamente formal, mas sobretudo material, e apenas possível na medida em que os princípios são compreendidos e equiparados e até mesmo confundidos com os valores, sendo, na ordem constitucional dos ordenamentos jurídicos, a expressão mais alta da normatividade que fundamenta a organização do poder.

Enfim, assevera *Paulo Bonavides*, que os princípios:

[...] postos no ponto mais alto da escala normativa, eles mesmos, sendo normas, se tornam, doravante, as normas supremas do ordenamento. Servindo de pautas ou critérios por excelência para a avaliação de todos os conteúdos normativos, os princípios, desde sua constitucionalidade, que é ao mesmo passo positivação no mais alto grau, recebem como instância valorativa máxima categoria constitucional, rodeada do prestígio e da hegemonia que se confere às normas inseridas na Lei das Leis. Com esta relevância adicional, os princípios se convertem igualmente em *norma normarum*, ou seja, norma das normas."[29]

De fato, pode-se entender que os princípios normativos são apenas aqueles institucionalmente eficazes, e o são na medida em que se incorporam numa instituição e só assim logram de eficácia positiva.

---
(28) BONAVIDES, 2000, p. 260-261.
(29) *Ibid.*, pp. 260-261.

Essa normatização dos princípios do processo administrativo ocorreu a partir da promulgação da Carta Política brasileira de 1988, e, de forma mais específica, com a edição da Lei n. 9.784/99.

Resta evidenciado, portanto, após a normatização dos princípios, que os princípios insertos na ordem constitucional e infraconstitucional pela Lei n. 9.784/99, explanados neste capítulo, passaram a lograr de eficácia positiva, sendo seu principal efeito a obrigatoriedade de sua observação na formalização dos atos administrativos, haja vista sua elevação em *norma normarum*, nas palavras do grande constitucionalista *Paulo Bonavides*.

Estabelecidas essas premissas, cumpre agora tratar-se da utilização dos princípios na interpretação constitucional, como forma de solucionar o conflito aparente que possa existir entre o art. 37, *caput*, e o art. 173, § 1º, II, ambos da Constituição Federal.

Capítulo 4

DA UTILIZAÇÃO DOS PRINCÍPIOS NA INTERPRETAÇÃO CONSTITUCIONAL

A interpretação lógico-sistemática é mais voltada para o espírito do que para a letra das leis, daí por que o mestre *Judicael Sudário de Pinho* conclui que, na Constituição brasileira de 1988, destaca-se o método lógico-sistemático para a atividade interpretativa desenvolver-se em bases aceitáveis. Nessa linha de raciocínio, entende que uma Constituição não é um conglomerado aleatório de artigos, incisos, alíneas e parágrafos, desconectados entre si. Pelo contrário, apresenta-se de modo coordenado, procurando formar uma unidade de sentido. Há de haver inter-relação e inter-dependência, nas quais tudo mais se coloca como *sub specie* do mesmo conjunto[1].

Os princípios e as regras são espécies de normas, como já visto, diferenciando-se pelo seu grau de abstração, de determinabilidade na aplicação ao caso concreto, o caráter de fundamentabilidade no sistema das fontes de Direito.

Germana de Oliveira Moraes, ao tratar sobre princípios, em sua obra "Controle Jurisdicional da Administração Pública", em muito colabora para a compreensão do tema em discussão, como a propósito se vê:

> Atualmente, conforme já se firmou anteriormente, ultrapassada a dicotomia entre princípios e normas, não se questiona a idéia de que as normas jurídicas compreendem tanto as regras, normas em sentido estrito, quanto os princípios.
>
> Os princípios, cuja superioridade e hegemonia na pirâmide normativa se reconhece a partir de sua positivação nos textos constitucionais, rotulados de "normas-chave de todo ordenamento

---

(1) PINHO, Judicael Sudário de. "Da impossibilidade jurídica de livre despedimento de empregados nas empresas estatais na vigência da Constituição Federal de 1988. *In:* SOARES, Ronald; PINHO, Judicael Sudário de. *Estudos de direito do trabalho e direito processual do trabalho:* homenagem a Aderbal Nunes Freire. São Paulo: LTr, 1999. pp. 91-118, p. 100.

jurídico" e considerados o "oxigênio das Constituições na época do pós-positivismo", são, na expressão de *Paulo Bonavides*, "compreendidos, equiparados e até mesmo confundidos com os valores" e "enquanto valores fundamentais, governam a Constituição, o regime, a ordem jurídica. Não são apenas a lei, mas a sua extensão, substancialidade, plenitude e abrangência".

De acordo com essa perspectiva doutrinária, ocorreu, no Brasil, a partir da Carta Política de 1988, a constitucionalização dos princípios da Administração Pública. O art. 37 da atual Constituição Federal refere-se de forma expressa aos princípios de observância indeclinável pela Administração Pública direta e indireta, de qualquer dos Poderes da União: os princípios de legalidade, impessoalidade, moralidade e publicidade.

Merece destaque, ainda, a obrigatoriedade de observância, pela Administração Pública, de princípios gerais de Direito que não são cativos do Direito Administrativo, como, por exemplo, o princípio da igualdade.

Tem-se admitido, por fim, para além dos princípios da Administração Pública positivada de forma explícita autônoma no texto constitucional, a partir de formulação doutrinária e da elaboração jurisprudencial, a utilização, ao lado daqueles já citados, de outros princípios gerais de direito como técnica de controle jurisdicional da atuação administrativa. Entre esses princípios, assomam os princípios da razoabilidade e da proporcionalidade[2].

Para *José Joaquim Gomes Canotilho*, as diferenças entre regras e princípios podem assim ser expostas:

(1) os princípios são normas jurídicas impositivas de uma optimização, compatíveis com vários graus de concretização, consoante os condicionalismos fáticos e jurídicos; as regras são normas que prescrevem imperativamente uma exigência (impõem, permitem ou proíbem) que é ou não cumprida (nos termos de *Dworkin*: *applicable in all-or-nothin fashion)*; a convivência das regras é antinômica. Os princípios coexistem; as regras antinômicas excluem-se;

(2) conseqüentemente, os princípios, ao constituírem exigências de optimização, permitem o balanceamento de valores e interesses (não obedecem, como as regras, à lógica do "tudo ou nada"),

---

(2) MORAES, Germana de Oliveira. *Controle jurisdicional da Administração Pública.* São Paulo: Dialética, 1999, pp. 105-106.

consoante o seu peso e a ponderação de outros princípios eventualmente conflitantes; as regras não deixam espaço para qualquer outra solução, pois se uma regra vale (tem validade) deve cumprir-se na exata medida das suas prescrições, nem mais nem menos;

(3) em caso de conflito entre princípios, estes podem ser objecto de ponderação, de harmonização, pois eles contêm apenas "exigências" ou "*standards*" que, em "primeira linha" *(prima facie)*, devem ser realizados; as regras contêm "fixações normativas" definitivas, sendo insustentável a validade simultânea de regras contraditórias;

(4) os princípios suscitam problemas de validade e peso (importância, ponderação, valia); as regras colocam apenas questões de validade (se elas não são corretas devem ser alteradas).[3]

A propósito ainda da diferenciação entre regras e princípios, traz-se à baila o pensamento de *Willis Santiago Guerra Filho*, verbis:

Regras e princípios distinguem-se: a) quanto à sua estrutura lógica e deontológica, pela circunstância de as primeiras vincularem a fatos hipotéticos *(tatbestande)* específicos, um determinado funtor ou operador normativo (proibido, obrigatório, permitido), enquanto aqueles outros — os princípios — não se reportam a qualquer fato particular, e transmitem uma prescrição programática genérica, para ser realizada na medida do jurídica e faticamente possível. Dessa diferença estrutural básica decorrem inúmeras outras, como: b) quanto à técnica de aplicação, já que os princípios normalmente colidem entre si, diante de casos concretos, o que leva ao chamado "sopesamento" *(abwgung)*, para aplicar o mais adequado, ao passo que regras, uma vez aceita a subsunção a elas de certos fatos, inevitavelmente decorrem as conseqüências jurídicas nelas previstas, a não ser que elas não sejam válidas, por conflitarem com outras de um grau superior, quando então, ao contrário do que se dá com princípios, que apesar de contraditórios não deixam de integrar a ordem jurídica, a regra de grau inferior é derrogada. É certo que pode haver um dissenso com relação à subsunção dos fatos à hipótese legal, existindo mecanismos institucionais que garantem (e impõem) a chegada de um

---

(3) CANOTILHO, José Joaquim Gomes. *Direito Constitucional*. Coimbra: Livraria Almedina, 1991, pp. 173-174.

consenso, de forma racional, por explicitarem um procedimento a ser adotado, no qual se abre a oportunidade para a demonstração dos fatos e apresentação dos argumentos e interpretações divergentes.[4]

Repete-se, o conceito antigo de princípio foi completamente omisso quanto ao seu principal traço caracterizador, ou seja, sua normatividade, sendo importante ressaltar, mais uma vez, que a principal contribuição da doutrina contemporânea foi a introdução no conceito de princípio àquele seu traço caracterizador.

Paulo Bonavides[5] assevera que a normatividade dos princípios, afirmada categórica e precursoramente, está na excelente e sólida conceituação formulada em 1952 por *Crisafulli*:

> Princípio é, com efeito, toda norma jurídica, enquanto considerada como determinante de uma ou de muitas outras subordinadas, que a pressupõem, desenvolvendo e especificando ulteriormente o preceito em direções mais particulares (menos gerais), das quais determinam, e portanto, resumem, potencialmente, o conteúdo: sejam, pois, estas efetivamente postas, sejam, ao contrário, apenas dedutíveis do respectivo princípio geral que as contém.

Convém repetir, compreendidos os princípios como mandamentos de otimização, sob a ótica de *Alexy*, a sua principal característica consiste em tais mandamentos poderem ser cumpridos em distintos graus. As regras são normas que podem sempre ser cumpridas ou não, e, quando uma regra vale, então se há de fazer exatamente o que ela exige ou determina. Nem mais, nem menos. O princípio assim, todavia, não pode ser entendido, pois pode ocorrer que o princípio continue válido para aquela hipótese *in concreto*; mas, existe um outro princípio que é mais aplicável àquele caso, e nem por isso citado princípio perdeu sua validade.

Por força de tais problemas, fica a indagação: como se solucionam os conflitos entre regras e princípios? Para efeito de estudo, adota-se a solução dada pelo professor *Paulo Bonavides*, nas quais conflito entre regras se resolve na dimensão da "validade", a colisão de princípios na dimensão do valor.

---

(4) GUERRA FILHO, Willlis Santiago. *Ensaios de teoria constitucional*. Fortaleza: Imprensa Universitária da Universidade Federal do Ceará, 1989, p. 47.
(5) BONAVIDES, 2000, p. 230.

Por absoluta necessidade — repete-se — a distinção entre regras e princípios pode ser vista com maior clareza ao redor da colisão de princípios e do conflito de regras. Duas normas, cada qual aplicada de *per se*, conduziram a resultados entre si incompatíveis, a saber, a dois juízos concretos e contraditórios de dever-ser jurídico. Distinguem-se, por conseguinte, no modo de solução do conflito.

O conflito entre regras somente poder ser resolvido se uma cláusula de exceção, que remova o conflito, for introduzida numa regra ou pelo menos se uma das regras for declarada nula"[6]. Juridicamente, uma norma vale ou não vale, e quando vale, e é aplicável a um caso, isto significa que suas conseqüências jurídicas também valem.

Com o conflito de princípios, se algo é vedado por um princípio, mas permitido por outro, deve um dos princípios recuar. Isto, porém, não significa que o princípio do qual se abre mão seja declarado nulo, nem que uma cláusula de exceção nele se introduza. Em determinadas circunstâncias, um princípio cede ao outro.

Não custa repetir, os princípios têm um peso diferente nos casos concretos, e o princípio de maior peso é o que prepondera. Os conflitos de regras ocorrem na dimensão da validade, ao passo que a colisão de princípios transcorre fora da dimensão da validade, ou seja, na dimensão do peso, isto é, do valor.

Os princípios são normas e as normas compreendem igualmente os princípios e as regras. Daí por que *Esser* reconhece que foi um grande passo diante das posições positivistas, "que o princípio atua normativamente; é parte jurídica e dogmática do sistema de normas, é ponto de partida que se abre ao desdobramento judicial de um problema"[7].

Para efeito de fixação diz-se outra vez os princípios "repartem-se em duas categorias: a dos que assumem o caráter de idéias jurídicas norteadoras, postulando concretização na lei e na jurisprudência, e a dos que, não sendo apenas *ratio legis*, mas, também, *lex*, se cristalizam desse modo, consoante *Larenz* assinala, numa regra jurídica de aplicação imediata"[8]. Complementa *Paulo Bonavides* que os da categoria, desprovidos do caráter de norma, são princípios "abertos" ao passo que os segundos apresentam-se como "princípios normativos".

---

(6) ALEXY, 1985 *apud* BONAVIDES, 2000, p. 249.
(7) ESSER, 1964 *apud* BONAVIDES, 2000, p. 243.
(8) BONAVIDES, *op. cit.*, p. 244.

E é portanto, dentro dessa segunda categoria, princípios normativos, que se entende estar a solução do problema exposto. Com efeito, o art. 37 da Constituição Federal traz princípios constitucionais atinentes à Administração Pública direta, indireta e fundacional, enquanto a norma constante do art. 173, § 1º, inciso II, da Carta Política de 1988, é apenas uma regra jurídica, que, na sua interpretação, deve receber o influxo dos princípios constitucionais da Administração Pública, uma vez que se trata de norma que diz respeito às empresas públicas e às sociedades de economia mista, entidades integrantes, por definição, da Administração Pública indireta[9].

No conflito entre uma e outra há de prevalecer a primeira, uma vez que a última é uma regra jurídica, sem qualquer força vinculativa quando em choque com a principiologia constitucional brasileira[10].

Isto ocorre porque um dos princípios fundamentais da interpretação constitucional é o *princípio da unidade da Constituição*, segundo o qual as normas constitucionais devem ser interpretadas em conjunto, para evitar possíveis contradições com outras normas constitucionais.

O fato de aceitar a idéia de que todas as normas constitucionais apresentam o mesmo nível hierárquico não significa dizer que todas as normas ali insertas têm o mesmo valor. Dentro da Constituição, existem dois tipos de normas: as normas-princípios e as normas-regras, daí vem a importância de o intérprete saber qual a vontade "unitária da Constituição, evitando contradições, antinomias e antagonismos aparentemente existentes entre suas normas"[11].

A propósito, do princípio da unidade da Constituição, *Celso Ribeiro Bastos* assim leciona: "O princípio da unidade da Constituição obriga o intérprete a considerar a Constituição na sua globalidade e a procurar harmonizar os espaços de tensão entre as normas constitucionais a concretizar"[12].

Pelo princípio da unidade da Constituição o intérprete deve considerar a norma como integrante de um sistema harmônico e unitário de regras e princípios. Daí por que, quando da "interpretação de uma norma constitucional, deverá se levar em conta todo o sistema, tal como

---

(9) PINHO, 1999, p.104.
(10) *Ibid.*, p. 104.
(11) PINHO, 1999, p. 105.
(12) BASTOS, Celso Ribeiro. *Curso de Direito Constitucional.* 19. ed. São Paulo: Saraiva, 1992, p. 99.

positivado", dando-se, porém, nas palavras de *Michel Temer*, uma "ênfase para os princípios que foram valorizados pelo Constituinte"[13].

Com efeito, os princípios são os alicerces do sistema jurídico-constitucional, tendo as seguintes funções: informadora, pois serve de inspiração ao legislador e de fundamento para as regras jurídicas; normativa, porquanto atua como uma fonte supletiva nas lacunas ou omissões da lei; interpretativa, visto que serve de critério orientador para os intérpretes e aplicadores da lei.

Não se pode olvidar, por conseguinte, que na solução dos problemas de conflitos entre normas constitucionais, a interpretação deve favorecer a integração "política social" e o reforço da unidade política, bem como conduzir a soluções "pluralisticamente integradoras", para seguir as lições de *Paulo Bonavides*[14].

Com efeito, a Constituição deve ser interpretada de forma a fazer cumprir os "princípios políticos fundamentais, pois tais princípios configuram-se nas escolhas primeiras, fundamentais, feitas pelo constituinte, e, como tais, precisam ser respeitadas, sob pena de a Constituição perder o seu valor jurídico. Como arremate de todas as idéias expostas sobre a interpretação da Constituição, o Juiz do Trabalho da 7ª Região, *Judicael Sudário de Pinho*, socorre-se de *Konrad Hesse*, para quem a atividade de concretizar a Constituição[15] "impõe ao intérprete a coordenação e combinação dos bens jurídicos em conflito ou em concorrência, de forma a evitar o sacrifício total de uns em relação aos outros"[16].

Vê-se, por conseguinte, que a interpretação da Constituição não pode ter como resultado o sacrifício de um bem constitucional em detrimento de outros. Há de se ponderar na solução dos conflitos entre as normas-princípios e normas-regras, objetivando uma harmonização ou concordância entre os bens tutelados pela ordem constitucional.

A Constituição tem por fim limitar a autoridade dos governantes. As revoluções burguesas dos séculos XVIII e XIX, que lutavam pela limitação do poder, tinham o anseio por um instrumento escrito que

---

(13) TEMER, Michel. *Elementos de direito constitucional*. 9. ed. São Paulo: Malheiros, 1992, p. 24.
(14) BONAVIDES, 2000, p. 345.
(15) PINHO, 1999, p. 106.
(16) HESSE, Konrad. *Escritos de Derecho Constitucional*. 2. ed. Madri: Centro de Estudos Constitucionais, 1992, p. 345.

servisse de base à estrutura do Estado. A Constituição é o conjunto de regras para o exercício e o limite do poder político. Na opinião de *Karl Löewenstein*[(17)], discípulo de *Max Weber*, a Constituição converteu-se no dispositivo fundamental para o controle do poder. Ela enfeixa conteúdos sociológicos, jurídicos, políticos, existenciais e culturais. Sob o ponto de vista da hermenêutica, a Constituição é, então, o instrumento harmonizador de uma sociedade pluralista em razão de sua unidade de sentido.

Glauco Barreira Magalhães Filho, tratando, na sua obra "Hermenêutica e Unidade Axiológica da Constituição", a propósito da natureza integrativa da Constituição sob a óptica da unidade de sentido, dá seu magistério:

Como, na democracia, o respeito é devido a todos os grupos sociais, não pode um valor predominar sobre outro, a ponto de custar-lhe o sacrifício total. A colisão entre princípios constitucionais (enunciados de valoração explícita) não redunda, pois, em supressão de um em proveito de outro, mas em harmonização ou concordância prática (*Konrand Hesse*). Para dirimir a colisão axiológica, que aparece no caso concreto, faz-se necessária uma ponderação dos valores. No plano abstrato, os princípios, apesar de estarem em "tensão", não estão se atritando, razão pela qual não há que se falar em conflito entre eles.

Smend, através da afirmação da natureza integrativa da Constituição, trouxe à luz o princípio que proclama a sua unidade, tido, conforme já foi dito, como uma exigência da democracia e um pressuposto do princípio hermenêutico da concordância prática, estando também atrelado ao princípio do efeito integrador segundo o qual se deve preferir, em relação à norma constitucional, a interpretação que mais favoreça a integração da sociedade. [...]

Retomando a questão hermenêutica, cumpre lembrar que dentre os valores fundamentais que vão conferir unidade à Constituição destaca-se a dignidade da pessoa humana. Esse valor é permanente, sendo o mais básico de todos e para todos, pois não resulta de uma simples decisão, mas é uma exigência da natureza humana. [...]

Para que seja possível ao intérprete conferir unidade de sentido à Constituição, necessário se faz a adoção de um método

---

(17) LÖEWENSTEIN, 1986 *apud* PINHO, 1999, p. 122.

teleológico-sistemático. O aplicador da Constituição deve compreender os valores mais específicos em cotejo com os valores mais gerais, tornando-se estes últimos fins a serem alcançados pelos primeiros. Assim, os valores fundantes, consagrados no pórtico do Estatuto Supremo, servindo de *telos* à sua interpretação, conferindo unidade e coerência à Constituição, suprindo as exigências racionais de sistematização.[18]

Seja qual dos métodos utilizados, lógico-sistemático ou teleológico-sistemático, o princípio da unidade e da integração da Constituição têm de permanecer. O primeiro método estabelece que, para descobrir a *ratio legis*, "toda norma jurídica pertence a um sistema, do qual não pode ser ilhada, sob pena de não se manter a coerência"[19], o que significa dizer que o real significado de uma norma somente pode ser desvendado com o emprego dos elementos lógicos disponíveis e dos princípios os mais gerais e abstratos do sistema; o segundo método (teleológico-sistemático) procura conferir unidade à Constituição, mediante uma interpretação que busca a realização dos fins prescritos no seu próprio texto, tendo como resultado espontâneo a sistematização.

Diante de tudo o que foi exposto, começa a ficar evidente por que não podem as sociedades de economia mista, com fulcro no art. 173, § 1º, II, da Carta Política de 1988, despedir imotivadamente seus empregados, pois, caso seja entendida como autorizada a rescisão sem justa causa do contrato de trabalho desses empregados públicos com supedâneo do mencionado artigo, estar-se-ia violando toda a principiologia inserta no *caput* do art. 37 da citada Lei Maior, a qual está submetida toda Administração Pública. E, como é sabido, a violação a um princípio é muito mais grave do que a violação a uma regra. Logo, cabe ao intérprete dar a cada caso *in concreto* a verdadeira intenção do legislador.

Como compatibilizar, então, o art. 37, *caput*, da Carta Política de 1988, que determina a obrigatoriedade do cumprimento dos princípios da legalidade, impessoalidade, moralidade, publicidade e eficiência, com o inciso II, § 1º, do art. 173 da mesma Carta, que obriga a aplicação às sociedades de economia mista do regime jurídico próprio das

---

(18) MAGALHÃES FILHO, Glauco Barreira. *Hermenêutica e unidade axiológica da Constituição*. 2. ed. Belo Horizonte: Mandamentos, 2002, p. 97, p. 99-100.
(19) HECK, Luiz Afonso. Hermenêutica da constituição econômica. *Revista de Informação Legislativa*, Brasília, v. 29, n. 113, p. 22-28, jan./mar. 1992, p. 24.

empresas privadas, inclusive quanto aos direitos e obrigações civis, comerciais, trabalhistas e tributários.

Como informado, lançando mão dos métodos interpretativos (lógico-sistemático ou teleológico-sistemático), em nome do princípio da unidade da Constituição, o intérprete não pode desprezar o valor inserto na Carta Política do respeito a dignidade da pessoa humana e outros fatores, tais como, primeiro, que Constituição Federal de 1988 teve por objetivo *(telos)* principal estancar os desmandos visíveis ocorrentes na Administração Pública indireta. Segundo, o fato de que a interpretação não pode levar ao absurdo. Terceiro, que as normas-princípios estão num grau de hierarquia, pode-se assim dizer, em superioridade às normas-regras, o que conduz às seguintes ilações, a luz de uma interpretação unívoca da Constituição:

a) se por uma questão de moralização do serviço público, as sociedades de economia mista só podem admitir trabalhadores ou servidores mediante concurso público, é lógico que seu poder potestativo de demitir, inerente ao poder de direção do empregador da iniciativa privada não lhe pode ser aplicado, pois seria tornar inócua a regra de moralização pretendida pela Carta de 1988. Ademais, por qualquer motivo político ou por critérios subjetivos do próprio administrador, ele poderia demitir sem ter que prestar contas do seu ato, o que numa interpretação apressada, poderá levar a injustiças sem precedentes;

b) é sabido que na Administração Pública não há liberdade, nem vontade pessoal. Enquanto o particular pode fazer tudo o que não é proibido, na Administração Pública, por estar obrigada a cumprir o princípio da legalidade, só é permitido fazer o que a lei autoriza. A lei para o particular é uma faculdade, um poder-fazer. Para o administrador público, significa dizer que ele deve fazer. Sendo assim, considera-se que o princípio da legalidade tem como corolário o princípio da motivação dos atos, que impõe a obrigatoriedade de motivação dos seus atos sob pena de nulidade. E aqui se chega ao motivo justificador da necessidade de motivação dos atos de despedidas das sociedades de economia mista.

Judicael Sudário de Pinho, citando *Celso Antônio Bandeira de Mello*, assinala que a observância da estrita legalidade e da motivação do ato se impõe nos atos de despedida das sociedades de economia mista. Em abono ao seu entendimento, transcreve as palavras do administrativista:

SOCIEDADE DE ECONOMIA MISTA & DESPEDIDA IMOTIVADA

Deve-se considerar, também como postulado pelo princípio da legalidade o princípio da motivação, isto é, o que impõe à Administração Pública o dever de expor as razões de direito e de fato pelas quais tomou a providência adotada. Cumpre-lhe fundamentar o ato que haja praticado, justificando as razões de direito e de fato pelas quais tomou a providência adotada. Cumpre-lhe fundamentar o ato que haja praticado, justificando as razões que lhe serviram de apoio para expedi-lo. Isto porque, se o administrador dispõe de certa liberdade (discricionariedade administrativa) para praticar o ato tal ou qual, não haveria como saber-se se o comportamento que tomou atendeu ou não ao princípio da legalidade, se foi diferente com a finalidade normativa, se obedeceu à razoabilidade e à proporcionalidade, a menos que enuncie as razões em que embasou para agir como agiu. São elas que permitirão avaliar a consonância ou dissonância com tais princípios. Donde, a ausência de motivação faz o ato inválido, sempre que sua enunciação, prévia ou contemporânea à emissão do ato, seja requisito indispensável para proceder-se a tal averiguação. É que, em inúmeras hipóteses de nada adiantaria que a Administração aduzisse depois de produzido ou impugnado o ato, porquanto não se poderia ter certeza de que as razões tardiamente alegadas existiam efetivamente ou haviam sido tomadas em conta quando de sua emanação.[20]

A motivação do ato administrativo validará a conduta do administrador, pois, se assim não fosse, como poderia ser feito o controle do citado ato pelo Poder Judiciário?

Celso Antônio Bandeira de Mello é categórico ao acentuar que para o empregado de empresa estatal, entre as quais figura a sociedade de economia mista, o ato de despedida precisa de motivação, sob pena de malferimento de outros princípios, o que poderá trazer como conseqüência a nulidade do mencionado ato e a reintegração do empregado público.

Com efeito, a empresa estatal é entidade preposta a objetivos de interesse de toda a coletividade. Quem tem a responsabilidade de geri-la exerce função, isto é, poder teleologicamente orientado para o cumprimento de fins que são impositivos para quem o detém. Em rigor, o que dispõe é de um dever-poder. O dever de bem cuidar um interesse

---

(20) MELLO, 1993 *apud* PINHO, 1999, p. 107.

que não é próprio, mas da coletividade, e em nome do qual lhe foi atribuído o poder, meramente instrumental, de bem servi-la. Logo, para despedir um empregado, é preciso que tenha havido um processo regular, com direito à defesa, para apuração da falta cometida ou de sua inadequação às atividades que lhe concernem. Desligamento efetuado fora das condições indicadas é nulo. O empregado, se necessário, recorrerá às vias judiciais trabalhistas, devendo lhe ser reconhecido o direito à reintegração, e não meramente à compensação indenizatória por despedida injusta.

Nos casos em que a empresa deva adotar uma política de contenção de despesas na área de pessoal ou que, por qualquer razão, convenha promover uma redução do quadro, deverão ser previamente anunciados os critérios objetivos em função dos quais serão feitos os cortes, para que se possa aferir se o desligamento de tais ou quais empregados obedeceu a critérios impessoais, como tem de ser.

Conclui-se, portanto, que a dispensa imotivada de empregados públicos das sociedades de economia mista é vedada pelo art. 37, *caput*, da Constituição Federal, que determina expressamente a obrigatoriedade de obediência, por parte da Administração Pública direta e indireta aos princípios da legalidade, impessoalidade, moralidade, publicidade e aos demais inscritos nos vinte e um incisos do mesmo artigo. Por outro lado, não se pode olvidar que a Constituição é um todo harmônico, e sua interpretação não pode ser feita à luz de dispositivo isolado, sobretudo quando ignora as garantias individuais do cidadão, a proteção da família e o respeito à dignidade do trabalhador.

Se não bastassem os argumentos até aqui usados para demonstração da necessidade de motivação dos atos de despedida na sociedade de economia mista, é importante que se diga que a melhor exegese do *caput* do art. 37 da Constituição Federal, com seu item II, que dispõe que a investidura em cargo ou emprego público exige aprovação prévia em concurso público de provas ou de provas e títulos, nas palavras de *Paulo Luiz Durigan*[21], "leva à inarredável conclusão que, após o advento da Emenda Constitucional n. 19, que emprestou tal redação à Carta Magna, o ato de demissão em tais empresas passou a ser ato administrativo vinculado, cuja eficácia, portanto, se submete aos requisitos do *caput* do mencionado artigo (CF, art. 37)".

---

(21) DURIGAN, Paulo Luiz. *Rescisão de contrato de trabalho em empresas paraestatais*. Disponível em: <http://www.apriori.com.br/artigos/demissão_paraestatais.shtml>. Acesso em: 20.fev.2005.

Nessa linha de raciocínio, *Paulo Luiz Durigan*[22] anota que outra conclusão que se depreende do art. 37 da Carta Política de 1988 foi a equiparação das empresas da administração direta às da indireta, suprimindo o poder discricionário para a admissão ao emprego: em ambas, somente se faz via concurso público.

Segundo o mencionado autor, interpretação que pudesse levar à conclusão de que essa equiparação só se deu no campo da admissão fere a lógica. Senão veja-se. Mediante interpretação sistemática da Constituição de 1988, conclui-se que, a considerar a menção à estabilidade, mais o cuidado em determinar rigoroso cumprimento dos princípios da ampla defesa e do contraditório (arts. 41 e 5º, LV, CF), todos no sentido de que realmente a intenção do legislador foi proteger contra a despedida arbitrária, tornando o ato de demissão nas empresas públicas ato administrativo vinculado, submetendo-o, portanto, ao crivo do judiciário.

Compreensão em sentido diverso seria como se o legislador constitucional estabelecesse parâmetros para a admissão ao emprego para, depois, negligenciar tais primados, admitindo-se uma demissão sem qualquer cautela ou motivação.

Essa interpretação é perfeitamente aplicável no caso da empresa pública, da sociedade de economia mista e outras entidades da administração indireta que explorem atividade econômica, apesar do § 1º do art. 173 da Carta Magna dispor que "sujeitam-se ao regime jurídico próprio das empresas privadas, inclusive quanto às obrigações trabalhistas e tributárias".

Paulo Luiz Durigan, em abono dessa tese, assim dá seu magistério:

> É que, em consonância com os demais princípios constitucionais citados (arts. 5º, 37 e 41), a asserção do § 1º do art. 173, como se disse, não pode ser interpretada na forma que somente quanto à admissão se imponham restrições e não quanto à resolução do vínculo empregatício: há de registrar-se que as diretrizes de proteção ao emprego vão em direção rigorosamente contrária a qualquer interpretação que não se coadune com a referida interpretação.
>
> Aliás, é de se notar que, ainda que quanto a certos aspectos de gestão administrativa a sociedade de economia mista e da administração indireta se aproximem das empresas da iniciativa privada, tal

---

(22) DURINGAN, 2005.

não as excluem do dever de prestar contas, de conduzir seu rumo de acordo com os princípios básicos da Carta Magna e de sofrer a fiscalização dos tribunais de contas.

Conclui-se, portanto, que os empregados de empresas paraestatais, ainda que explorem atividade econômica, têm o seu contrato de trabalho protegido contra a despedida arbitrária, de forma que jamais esta pode ser efetuada senão amparada nos princípios do art. 37 da Constituição Federal, pós inquérito disciplinar (art. 5º LV, CF). E, se assim não ocorrer, o ato é nulo, cabendo a readmissão imediata.

Rechaçando qualquer dúvida que porventura ainda pudesse existir acerca da interpretação lógica ou teleólogica-sistemática que deve ser dada aos comandos constitucionais previstos no art. 37 e art. 173, na resolução do problema da necessidade ou não de motivação dos atos de despedida da sociedade de economia mista, a Lei n. 9.784, de 29.1.1999, que regula o processo administrativo no âmbito da Administração Pública federal, espancou de vez o fantasma da desnecessidade de motivação do referido ato.

Com efeito, assim reza o art. 1º, da Lei n. 9.784/99:

> Art. 1º Esta Lei estabelece normas básicas sobre o processo administrativo no âmbito da Administração Federal direta e indireta, visando, em especial, à proteção dos direitos dos administrados e ao melhor cumprimento dos fins da Administração.
>
> § 1º Os preceitos desta Lei também se aplicam aos órgãos dos Poderes Legislativo e Judiciário da União, quando no desempenho de função administrativa.
>
> § 2º Para os fins desta Lei, consideram-se:
>
> I — órgão — a unidade de atuação integrante da estrutura da Administração direta e da estrutura da Administração indireta;
>
> II — entidade — a unidade de atuação dotada de personalidade jurídica;
>
> III — autoridade — o servidor ou agente público dotado de poder de decisão.

Por sua vez, o art. 2º, da Lei n. 9.784/99, assevera que a Administração deve obediência dentre outros princípios ao da motivação, *verbis*:

Art. 2º A Administração Pública obedecerá, dentre outros, aos princípios da legalidade, finalidade, motivação, razoabilidade, proporcionalidade, moralidade, ampla defesa, contraditório, segurança jurídica, interesse público e eficiência.

Parágrafo único. Nos processos administrativos serão observados, entre outros, os critérios de:

I — atuação conforme a lei e o Direito;

II — atendimento a fins de interesse geral, vedada a renúncia total ou parcial de poderes ou competências, salvo autorização em lei;

III — objetividade no atendimento do interesse público, vedada a promoção pessoal de agentes ou autoridades;

IV — atuação segundo padrões éticos de probidade, decoro e boa-fé;

V — divulgação oficial dos atos administrativos, ressalvadas as hipóteses de sigilo previstas na Constituição;

VI — adequação entre meios e fins, vedada a imposição de obrigações, restrições e sanções em medida superior àquelas estritamente necessárias ao atendimento do interesse público;

VII — indicação dos pressupostos de fato e de direito que determinarem a decisão;

VIII — observância das formalidades essenciais à garantia dos direitos dos administrados;

IX — adoção de formas simples, suficientes para propiciar adequado grau de certeza, segurança e respeito aos direitos dos administrados;

X — garantia dos direitos à comunicação, à apresentação de alegações finais, à produção de provas e à interposição de recursos, nos processos de que possam resultar sanções e nas situações de litígio;

XI — proibição de cobrança de despesas processuais, ressalvadas as previstas em lei;

XII — impulsão, de ofício, do processo administrativo, sem prejuízo da atuação dos interessados;

XIII — interpretação da norma administrativa da forma que melhor garanta o atendimento do fim público a que se dirige, vedada aplicação retroativa de nova interpretação.

É de inferência obrigatória que esse diploma veio corroborar com a tese segundo a qual todos os atos da Administração Pública devem obrigatoriamente ser motivados.

Nessa linha de interpretação, a jurisprudência vem caminhando, conforme se pode ver pelas decisões colhidas do trabalho da pena de *Paulo Luiz Durigan*[23], cuja transcrição, por imperiosa, se faz pertinente a essa altura do trabalho ora desenvolvido. A primeira trata de decisão proferida pela 1ª Vara do Trabalho de Joinville, em sentença nos autos RT n. 1.938/01, em que deferiu pedido de antecipação de tutela para a reintegração de empregados da empresa da Administração Pública indireta, o Exmo. Juiz Titular, César Nadal Souza, assim concluiu:

> 8. Seria inócuo o pressuposto do concurso, enfim, se admitida a possibilidade de despedida unilateral e sumária, a qualquer momento do pacto, sem que o trabalhador pudesse ter direito à ampla defesa, até mesmo para não ficar sujeito às injunções políticas do Administrador. Necessária, portanto, como pressuposto indissociável para a denúncia vazia do contrato dos empregados da CEF, a prova da existência de um motivo de interesse público, justificador do rompimento da relação empregatícia.
>
> 9. Sublinhe-se, em complemento ao exposto, que o interesse público volta-se diretamente à manutenção do emprego, pelo interesse social envolvido e ante ao caráter alimentar do salário (haja vista a imperiosa necessidade do sustento próprio e familiar dos requerentes, *in casu*).

No corpo da referida decisão constam estas referências:

> Acórdão – 3ª T. 10388/98 – Processo TRT/SC/RO-V-3908/88 – EMENTA: ADMINISTRAÇÃO PÚBLICA. EMPREGADO DE EMPRESA PÚBLICA. DENÚNCIA IMOTIVADA DO CONTRATO. VEDAÇÃO CONSTITUCIONAL. A exigência constitucional do concurso público para o acesso aos cargos públicos, orientada por fatores relacionados com os princípios da legalidade, moralidade, impessoalidade e publicidade dos atos administrativos, obsta a denúncia pura e imotivada do contrato, mesmo no âmbito da Administração Pública indireta, inclusive como fator mantenedor das garantias constitucionais do cidadão e protetivo de qualquer

---

(23) Decisões extraídas do trabalho de DURIGAN (2005). Rescisão de contrato de trabalho em empresas paraestatais. *Internet:* <http://www.apriori.com.br/artigos/demissao_paraestatais.shtml>.

injunção política, caso o ato resilitório ficasse ao alvedrio do administrador, sendo exigíveis, por isso, como pressupostos da dispensa, o direito à ampla defesa e a demonstração segura do interesse público.

Consta, ainda:

> MANDADO DE SEGURANÇA. PEDIDO DE CASSAÇÃO DE TUTELA ANTECIPATÓRIA QUE DETERMINOU A REINTEGRAÇÃO DO SERVIDOR. ADMINISTRAÇÃO INDIRETA. RESPEITO AOS PRINCÍPIOS NORTEADORES DA ADMINISTRAÇÃO PÚBLICA (ART. 37 DA CF/88. IMPOSSIBILIDADE DE DEMISSÃO DESMOTIVADA). Inatacável a decisão liminar que antecipa os efeitos da tutela pretendida, com suporte no art. 273 do CPC e determina a reintegração de servidor integrante da Administração Pública indireta demitido sem justa causa e sem motivação, porquanto a qualidade da empresa, os princípios da moralidade e impessoalidade e o ingresso mediante concurso público, para atendimento de seus fins, reclamam, sempre, a prática de ato motivado para a dispensa. (Ac. n. 2.234/97, Rel. Juiz Antonio Carlos Facioli Chedid – TRT/SC)

Por iguais razões e fundamentos, a 3ª Vara do Trabalho de Joinville, nos autos da Reclamação Trabalhista n. 2.503/01, proferiu decisão determinando a imediata reintegração, assim justificando-a:

> Na ótica do Juízo são relevantes as razões constantes da exordial no que se refere à estabilidade Constitucional aos empregados de empresa pública, admitidos através de concurso público, a fim de evitar apadrinhamentos políticos, de exigirem um justo motivo para o rompimento contratual, retirando do administrador o poder discricionário da exoneração, sob pena de se estar permitindo perseguições políticas ou ideológicas.
>
> Pede-se vênia para transcrever decisão do brilhante colega *Alexandre Luiz Ramos*, sobre matéria idêntica versada nestes autos:
> "Se exige concurso público para a contratação, é consectário lógico, natural e jurídico a necessidade de justo motivo para a extinção do contrato de trabalho, pois caso contrário perderia a razão de ser do concurso público, qual seja, a moralidade e probidade administrativas. Não fosse assim, poderia o dirigente de uma empresa estatal contratar (mediante concurso público) e dispensar imotivadamente seus empregados públicos, até a contratação da pessoa que quisesse favorecer."

A Quarta Turma do Tribunal Regional do Trabalho da 8ª Região, no Recurso Ordinário n. 5.334/96, de que foi Relator o Juiz Walmir Oliveira da Costa, enfrentou a problemática, ao apreciar dispensa que ocorreu sem critérios e sem motivos justificáveis, anulando-a, por considerá-la arbitrária e, por conseguinte, determinou a reintegração do trabalhador. Eis a ementa:

> Dispensa de Empregado em Empresa Estatal — Requisitos. A dispensa de empregados nas empresas estatais não é irrestritamente livre, pois se o administrador de estatal está vinculado às regras constitucionais que disciplinam o ingresso de pessoal no serviço público (lato sensu), em contrapartida, não lhe é dado prescindir da observância dessas mesmas normas, critérios e motivos justificáveis para a dispensa de seus empregados, sob pena de tornar arbitrário o ato de despedimento, com violação do art. 37, caput, da Constituição de 1988. Recurso provido, em parte. (Jornal Trabalhista n. 653, de 7.4.1997, pp. 352/350)

Da fundamentação do voto, de onde se extraiu a ementa, consta:

> Com efeito, se o administrador de estatal está vinculado às regras constitucionais que disciplinam o ingresso de pessoal no serviço público (lato sensu), em contrapartida, não lhe é dado prescindir da observância dessas mesmas normas, critérios e motivos justificáveis para a dispensa de seus empregados, sob pena de tornar arbitrário e, por isso mesmo, ilegal o ato de despedimento, que acaba, não raro, atingindo apenas os trabalhadores mais humildes e desprotegidos.

Sobre o tema, vale a pena destacar decisão exarada pela Primeira Turma do Tribunal Regional do Trabalho da 12ª Região:

> O ingresso no serviço público mediante o preenchimento de todos os requisitos exigidos pela Constituição Federal faz nascer o direito, ou melhor, a expectativa de direito à estabilidade e/ou, conforme o caso, à garantia de motivação das decisões, sendo a exoneração ou demissão indispensavelmente precedida, na forma da doutrina e da jurisprudência, da demonstração cabal da inaptidão do servidor às funções desempenhadas. Simples ato administrativo, sem motivação, afronta o poder discricionário, enveredando nas raias do arbítrio. Direito à reintegração que merece ser deferido, notadamente ainda quando transparece da prova que a despedida, praticada pelo ente paraestatal, ou melhor, pelo servidor responsável pela escolha dos demitidos, vulnera até os princípios de respeito

SOCIEDADE DE ECONOMIA MISTA & DESPEDIDA IMOTIVADA

à dignidade do homem, à ética social, à moralidade, mediante a prática hedionda do racismo, cuja punição social ultrapassa o direito pretendido, por se constituir em crime e gerar o direito também à indenização pelo dano moral daí resultante. (TRT 12ª R. — RO-V 1.595/95 — 1ª T. — Rel. Juiz Antônio Carlos F. Chedid – DJSC 27.9.1996)

Deste último *decisum*, note-se a seguinte passagem:

> Sendo a ré uma empresa estatal, que somente pode admitir trabalhadores ou servidores — pouco importa aqui a terminologia — mediante concurso público, no meu entender, também perdeu, pelas mesmas razões que a Constituição a obrigou a esta forma de admissão, o poder potestativo de demissão desfundamentada. Se assim não for, a toda evidência, os desmandos que a Constituição Federal visou a estancar persistiriam com a demissão desmotivada pautada por critério de simpatia de políticos, além, à evidência de outros. Afirma, ainda, o relator que é risível, além de lastimável, por se tratar de empresa estatal que deve pautar sua conduta no princípio da estrita legalidade, publicidade, moralidade e impessoalidade, a alegação da recorrente quanto à realização de avaliação técnica de desempenho não traduzida em documentos, efetiva através de inúmeras reuniões realizadas pelas chefias de divisões, como informa a demandante. (fl. 125)

O relator assim indicou as razões do seu convencimento:

> [...] desde o advento da Carta Constitucional de 1988, com sucedâneo nas regras inseridas nos arts. 29, 37, 41, venho sustentando que a demissão ou a exoneração do servidor público, ocupante de cargo ou emprego, somente se apresenta legal quando devidamente motivada. Vale dizer: o condicionamento de ingresso através do preenchimento das exigências legais, como corolário da garantia do princípio da moralidade e da legalidade, veda a despedida ou a exoneração desmotivada, mesmo que o servidor ainda não tenha adquirido a estabilidade estampada no art. 41 da CF. Penso que os entes públicos ainda não absorveram as novas regras constitucionais. E assim é porque até as empresas que compõem a administração indireta também estão submetidas aos mesmos princípios.

Na mesma linha de idéias, os tribunais paranaenses:

EMPRESA PERTENCENTE À ADMINISTRAÇÃO INDIRETA — NECESSITA, PARA A INICIATIVA DE RESCISÃO DE CONTRATO DE TRABALHO, AMPARO EM MOTIVAÇÃO RAZOÁVEL. A redução do quadro de pessoal, argüida pela administração indireta, em defesa, para justificar a motivação do ato de rescisão contratual por iniciativa do empregador, quando submetida à apreciação do Judiciário, necessita de prova nos autos do processo, inclusive quanto aos critérios adotados. Caso contrário não há como o julgador concluir que a rescisão contratual não se afastou dos princípios exigíveis pelo art. 37, da Constituição Federal. Reintegração deferida. (TRT 9ª R. — RO 05667/1999 — Ac. 04668/2000 — 3ª T. — Relª Juíza Wanda Santi Cardoso da Silva — DJPR — 10.10.1999)

A doutrina, igualmente, não destoa da interpretação com olhos nos princípios constitucionais, na pena de *Celso Antônio Bandeira de Mello*[24]:

88. *Admissão e dispensa de pessoal nas empresas estatais* — Em decorrência do art. 37, II, da Constituição, de acordo com o qual a "investidura em cargo ou *emprego público* depende de aprovação prévia em concurso público de provas e títulos, ressalvadas as nomeações para cargo em comissão [...]", o ingresso nas empresas estatais está subordinado ao aludido requisito. [...]

Assim como não é livre a admissão de pessoal, também não se pode admitir que os dirigentes da pessoa tenham o poder de desligar seus empregados com a mesma liberdade com que o faria o dirigente de uma empresa particular. É preciso que haja uma razão prestante para fazê-lo, não se admitindo caprichos pessoais, vinganças ou quaisquer decisões movidas por mero subjetivismo e, muito menos, por sectarismo político ou partidário. [...]

Logo, para despedir um empregado é preciso que tenha havido um processo regular, com direito à defesa, para apuração da falta cometida ou de sua inadequação às atividades que lhe concernem. Desligamento efetuado fora das condições indicadas é nulo. O empregado, se necessário, recorrerá às vias judiciais trabalhistas, devendo-lhe ser reconhecido o direito à reintegração, e não meramente à compensação indenizatória por despedida injusta.

Nos casos em que a empresa deve adotar uma política de contenção de despesas na área de pessoal ou que, por qualquer

---

(24) MELLO, 2003, p. 205.

razão convenha promover uma redução do quadro, deverão ser previamente anunciados os critérios objetivos em função dos quais serão feitos os cortes, para que se possa aferir se o desligamento de tais ou quais empregados obedeceu a critérios impessoais, como tem de ser.

Ora, se a Constituição Federal trouxe avanços consideráveis com relação à Administração Pública, entre eles está a garantia dos empregados das empresas públicas da administração indireta de não serem despejados de seus cargos, sem que seja demonstrado justo critério, pena da nulidade em razão da arbitrariedade. Na verdade, trata-se de evitar a sujeição do servidor público ou empregado público às injunções políticas, de forma até mesmo a garantir a transparência e a legalidade nos negócios públicos.

Demonstrada a importância dos princípios na interpretação e na solução do questionamento posto, passa-se ao exame da asserção segundo a qual o ato de demissão do empregado da sociedade de economia mista é uma espécie de ato administrativo, objetivando ao final a comprovação de que os atos em discussão realmente são espécies de atos administrativos, devendo, por via de conseqüência, obedecer todos os requisitos e pressupostos a sua regular formação, dentre outros, a motivação.

Capítulo 5

DO ATO DE DESPEDIDA

5.1. Do ato de despedida da sociedade de economia mista como ato administrativo

Propõe-se o presente capítulo examinar se o ato de despedida de empregado público pode ser abarcado pelo conceito de ato administrativo.

A Administração Pública para os fins a que se propõe, como parte e no exercício de suas prerrogativas decorrentes da lei ou sob o seu império, pratica uma série de atos chamados *atos da Administração Pública* no exercício de sua atividade administrativa.

A Administração Pública, para *Diógenes Gasparini*, somente pratica atos materiais, atos regulados pelo direito privado e atos administrativos, daí a bipartição em atos ajurídicos e atos jurídicos. Os primeiros, também chamados de *fatos administrativos*, não se preordenam à produção de qualquer efeito, por exemplo, dar aula. O segundo, os jurídicos (regido pelo direito privado e administrativo), destinam-se à produção de efeitos jurídicos e decorrem quase sempre de manifestação de vontade, juízo ou conhecimento do Estado ou de quem lhe faça as vezes, orientado à obtenção de certos e determinados fins de direito. Objetivam a declarar, a certificar, a criar, a transferir e a extingüir direitos e obrigações. São dessa espécie os atos praticados sob o *regime do direito privado* e os *atos administrativos*[1].

Celso Antônio Bandeira de Mello adverte para o fato de que não se deve confundir *atos da Administração* com *atos administrativos*. Afirma que a Administração pratica inúmeros atos que não interessa considerá-los como atos administrativos, pois seriam meros atos *da Administração*. A título de exemplo, cita os atos *regidos pelo direito privado, v. g.,* a locação de uma casa para instalação de uma repartição pública; os atos *materiais*, tais como o ministério de uma aula, a

---

(1) GASPARINI, 2004, p. 56.

pavimentação de uma rua, seriam meros comportamentos materiais da Administração que não interessa qualificá-los como atos administrativos; os atos de *governo* ou *políticos*, v. g., indulto, a iniciativa de lei pelo Executivo, praticados com margem de discrição e diretamente em obediência à Constituição, no exercício da função genuinamente política, igualmente, por corresponderem ao exercício de função política e não administrativa, não estão incluídos como atos administrativos, contudo, estão sujeitos à apreciação do Poder Judiciário[2].

Observe-se que *Diógenes Gasparini*, ao contrário do entendimento manifestado por *Celso Antônio Bandeira de Mello*, entende que os atos de governo ou políticos são atos administrativos, incluindo nessa categoria os atos praticados pelas autoridades dos Poderes Legislativo e Judiciário que não dizem respeito às suas específicas funções. Assim, são atos administrativos os relacionados com a vida funcional de seus servidores (nomeação, exoneração, abertura de inquérito administrativo etc.).

Celso Antônio Bandeira de Mello, no que se refere aos atos praticados pelas autoridades dos Poderes Legislativo e Judiciário, apesar de não praticados pela Administração Pública, devem ser incluídos entre os atos administrativos, porquanto se submetem à mesma disciplina jurídica aplicável aos demais atos da Administração[3].

Desse modo, são atos administrativos as prescrições unilaterais, concretas ou abstratas, enunciadas pelas autoridades legislativa, judiciária, dos tribunais de contas, os promovidos pelos concessionários e permissionários de serviço público, quando estiverem obrigados a observar o regime jurídico aplicável aos atos administrativos, além, logicamente, dos atos enunciados pela Administração Pública quando tiverem que observar idêntico regime jurídico.

Nessa linha de raciocínio, buscando demonstrar que o ato de despedida da sociedade de economia mista é ato administrativo, passa-se ao estudo do conceito de ato administrativo.

O Estado, para realizar seus fins, necessita realizar determinadas funções, daí dizer-se que o poder é uno; porém, o que se divide são suas funções: *administrativa* ou *executiva*, *legislativa* e *judiciária*. O grande mérito de *Montesquieu* foi ter afirmado que as diferentes atividades do Estado deveriam ser desenvolvidas por órgãos distintos

---

(2) MELLO, 2003, p. 351.
(3) *Ibid.*, p. 352.

e autônomos. Foi ele quem propôs a divisão dos órgãos estatais em correspondência com a diversidade de atividades estatais.

O Estado, ao dividir suas funções, deixa o exercício da *função administrativa* sob a responsabilidade do Poder Executivo, não de forma absoluta, mas, de forma que o ato administrativo seja produzido de modo preponderante pelo mencionado poder; pois, como se viu alhures, os Poderes Legislativo e Judiciário, igualmente, exercem funções administrativas e, quando nesse exercício, praticam ato administrativo.

Lúcia Vale de Figueiredo conceitua ato administrativo nos seguintes termos:[4]

É a norma concreta, emanada pelo Estado ou por quem esteja no exercício da função administrativa, que tem por finalidade criar, modificar, extinguir ou declarar relações entre este (o Estado) e o administrado, suscetível de ser contrastada pelo Poder Judiciário.

Adota-se, igualmente, para efeito do presente estudo, o conceito de ato administrativo da lavra de *Celso Antônio Bandeira de Mello*[5]:

Declaração do Estado (ou de quem lhe faça as vezes — como, por exemplo, um concessionário de serviço público), no exercício de prerrogativas públicas, manifestada mediante providências jurídicas complementares da lei a título de lhe dar cumprimento, e sujeitas a controle de legitimidade por órgão jurisdicional.

Os conceitos reproduzidos condensam todos os elementos necessários à distinção do ato administrativo dos demais atos; todavia, é imperioso, para apreciação do tema proposto, o exame da perfeição, da validade e da eficácia do ato administrativo.

Diz-se que o ato administrativo é perfeito quando tramitou por todas as fases necessárias para sua formação. Está pronto para produzir os efeitos.

O ato administrativo é válido quando foi produzido de conformidade com a lei que o regula. Validade é a adequação do ato às exigências da ordem jurídica. Logo, se o ato administrativo é recepcionado pelo ordenamento jurídico, diz-se que ele é válido.

O ato administrativo é eficaz quando está à disposição para produção de seus efeitos, quando seus efeitos não estão sujeitos a

---

(4) FIGUEIREDO, Lúcia Valle de. *Curso de Direito Administrativo*. São Paulo: Malheiros, 1998, p. 88.
(5) MELLO, 2003, p. 352.

quaisquer condições. Ele deve estar apto a cumprir a função para a qual se propõe.

É importante, igualmente, tecer considerações sobre os requisitos do ato administrativo. Os doutrinadores não acordam nem quanto à nomenclatura elementos ou requisitos, nem quanto à quantidade de tais elementos.

Hely Lopes Meirelles[6] cita a existência de cinco requisitos necessários à formação do ato administrativo: competência, finalidade, forma, motivo e objeto.

Discordando desse entendimento, *Celso Antônio Bandeira de Mello*[7] propõe diferente abordagem. Para ele, usa-se a expressão "elementos do ato administrativo" para indicar os requisitos do ato. Entende que se devam distinguir os elementos e os pressupostos do ato, pois sem elementos não existe ato e, ausentes os pressupostos, produz-se ato inválido. Sustenta, assim, que são elementos do ato: o conteúdo e a forma. De outra banda, consideram-se pressupostos de validade: subjetivos (sujeito); objetivos (motivo e requisitos procedimentais); teleológicos (finalidade); lógicos (causa) e formalísticos (formalização).

O conteúdo do ato, entendido por alguns doutrinadores como objeto, é o próprio ato, é aquilo que o ato enuncia, decide, modifica na ordem jurídica. É o que ele tem de essencial; ato cujo conteúdo é ilícito é inválido. A forma é o modo pelo qual este se apresenta no mundo externo. É o revestimento exterior do ato. Sem forma inexiste o ato.

Quanto aos requisitos, numa síntese apertada ofertada por *Ney José de Freitas*[8], pode-se afirmar que o sujeito é o produtor do ato; o motivo é o pressuposto de fato que autoriza ou exige a prática do ato; requisitos procedimentais são as etapas que devem, por imposição normativa, preceder a um determinado ato; a finalidade é o bem jurídico objetivado pelo ato; causa é a relação de adequação entre os pressupostos do ato e seu objeto; formalização é a específica maneira pela qual o ato deve ser externado.

Com efeito, são poucos os doutrinadores que ousam afirmar que o ato rescisório do contrato de trabalho de empregado público integra o conceito de ato administrativo. Com raras exceções, como já citado linhas atrás, *Paulo Luiz Durigan* afirma categoricamente ser o ato de

---
(6) MEIRELLES, 2002, p. 146.
(7) MELLO, 2003, pp. 356-377.
(8) FREITAS, 2002, p. 114.

demissão em tais empresas ato administrativo, exatamente, por força da nova redação imposta pela Emenda Constitucional n. 19/98 ao art. 37, II, da Carta Política de 1988.

Por sua vez, *Ney José de Freitas* pondera que, mesmo aqueles que admitem que o ato de dispensa deve ser motivado, em face dos princípios constitucionais que regem o exercício da função administrativa, não afirmam, expressamente, que a aludida conduta estatal se manifesta, no mundo exterior, por meio da espécie conhecida como ato administrativo. Daí por que o referido magistrado assevera de forma contundente:

[...] é de todo conveniente dissipar essa dúvida, reconhecendo o ato rescisório como espécie de ato administrativo, com todas as conseqüências que possam surgir deste enquadramento jurídico.[9]

Em abono de sua tese, sustenta que o Estado empregador, quando contrata pelo regime trabalhista, submete-se, por evidente, ao regramento contido nesse ramo do Direito; porém, a relação jurídica que forma recebe, ainda, o influxo de princípios e regras próprias do Direito Administrativo, formando o denominado regime híbrido.

O regime jurídico, como antes afirmado, em face de sua natureza híbrida, é decorrente do fato de que o Estado, mesmo quando assume a posição de empregador sob os auspícios das regras trabalhistas, continua submetido aos princípios constitucionais constantes do art. 37 da Constituição Federal de 1988 e outros decorrentes daquele preceptivo. Além do mais, está obrigado ao cumprimento das demais normas infraconstitucionais, no caso específico, aos ditames da Lei n. 9.784/99, expressa neste trabalho por diversas vezes.

Esses dois fatores, imposição do respeito aos princípios constitucionais e a observância da Lei n. 9.784/99, pintam com diferentes cores a relação jurídica de trabalho existente entre empregado e o Estado empregador. Não é, e nem poderia ser, uma relação de trabalho como aquela que se origina no contrato de trabalho firmado entre dois particulares, onde não se faz a exigência de concurso público ou o cumprimento de outras formalidades, devendo nessa última hipótese prevalecer a pureza da norma trabalhista.

De outra banda é indene de dúvida que o ato produzido pelo Estado, ou por quem lhe faça as vezes, como afirma *Celso Antônio* e

---

(9) FREITAS, 2002, p. 115.

Diógenes Gasparini, no exercício da função administrativa, somente pode ser encartado no conceito de ato administrativo. É forçoso concluir que o ato de despedida da sociedade de economia mista é ato administrativo, pois praticado por quem faz as vezes do Estado, além do que está por imposição constitucional jungido nesse particular ao regime jurídico administrativo[10].

Em relação ao mesmo assunto, *Ney José de Freitas* cita decisão proferida no processo trabalhista que tramitou na 8ª Vara da Justiça Federal, Secção de São Paulo, em que se determinou a reintegração de servidor regido pela CLT, optante pelo FGTS, por ter sido desligado sem inquérito administrativo. A então Juíza *Lúcia Valle de Figueiredo Collarile* sentenciou[11]:

> Note-se que ao Estado-Empregador não é dada a autonomia da vontade. Muito pelo contrário. O que existe é a relação de administração, como magistralmente averbada pelo pranteado *Cirne Lima*. As competências são dadas ao Poder Público para que cumpra seu dever elementar de implementar o interesse público qualificado pela norma. Não o escolhido ao livre alvedrio do Administrador.

Para os seguidores da idéia de que a relação de trabalho do empregado de sociedade de economia mista é regida com exclusividade

---

(10) DI PIETRO, 2003, p. 64, reserva a expressão regime jurídico administrativo tãosomente para abranger o conjunto de traços, de conotações, que tipificam o Direito Administrativo, colocando a Administração Pública numa posição privilegiada, vertical, na relação jurídico-administrativo. Enquanto que a expressão regime jurídico da Administração Pública é utilizada para designar, em sentido amplo, os regimes direito público e de direito privado a que se pode submeter-se a Administração Pública. O regime administrativo resume-se a prerrogativas e sujeições. As prerrogativas são as regalias usufruídas pela Administração, na relação jurídico-administrativa, derrogando o direito comum diante do administrador, ou seja, são as faculdades especiais conferidas à Administração, quando se decide agir contra o particular; mas ao lado das prerrogativas, existem restrições a que está sujeita a Administração, sob pena de nulidade do ato administrativo. Dentre tais restrições citem-se a observância da finalidade pública bem como os princípios da moralidade, legalidade, publicidade, sujeição à realização de concurso para seleção de pessoal. Ao mesmo tempo que as prerrogativas colocam a Administração em posição de supremacia perante o particular, sempre com o objetivo de atingir o benefício da coletividade, as restrições a que está sujeita limitam a sua atividade a determinados fins e princípios que, se não observados, implicam desvio de poder e conseqüente nulidade dos atos da Administração. O conjunto de prerrogativas e restrições a que está sujeita a Administração e que não se encontram nas relações entre particulares constitui o regime jurídico administrativo. Muitas dessas prerrogativas e restrições são expressos sob a forma de princípios que informam o Direito público e, em especial, o Direito Administrativo.

(11) MELLO, 1988 *apud* FREITAS, 2002, p. 116.

pela CLT, não cabe qualquer dúvida sobre a possibilidade de despedida imotivada. O ato de despedida está ligado ao que prevê o ordenamento jurídico trabalhista, pois o Estado equipara-se, em sua totalidade, ao empregador comum. O ato seria de natureza privada, não obstante originário do Poder estatal. Esta interpretação é equivocada, pois olha a Constituição em face da lei, olvidando que o caminho correto é o contrário. Deve-se olhar a lei em face da Constituição e dos princípios nela insertos. A bem da verdade, a utilização dos princípios na interpretação constitucional leva a aplicar-se em primeiro lugar os regramentos nela previstos para que se possa viabilizar, posteriormente, a aplicação da norma de natureza legal.

Para os que pensam, segundo *Ney José Freitas*[12], que o Estado, em momento algum, não se equipara ao empregador particular, alegam que desde a admissão do empregado público é possível se constatar a presença de normas de direito público a derrogar o ordenamento jurídico trabalhista, visto que, na ordem constitucional vigente, só é juridicamente viável o ingresso em cargo ou emprego público mediante a aprovação em concurso público, exigência que inexiste em relação ao empregador particular.

Conclui, então, pela não-equiparação do Estado empregador ao empregador particular, razão pela qual afirma categoricamente que o ato objeto de vontade estatal é ato administrativo:

> Pois bem: se o Estado Empregador não se equipara ao empregador particular, a conclusão somente pode ser no sentido de que o ato objeto da vontade estatal é ato administrativo, atraindo, portanto, a incidência de todo o aparato normativo e doutrinário criado para envolver esta espécie de ato jurídico, sob pena de desacato à lógica, e o que é mais grave, não oferecendo ao ato de despedimento uma qualificação jurídica adequada, o que não se compadece com uma visão sistemática do direito.
>
> [...]
>
> Em suma: o ato que produz o despedimento de empregado público é ato administrativo com todas as conseqüências geradas por esta forma de abordagem.[13]

Resta evidente que as regras do regime jurídico administrativo devem ser observadas pelo ato de dispensa de empregado público da

---
(12) FREITAS, 2002, pp. 116-117.
(13) FREITAS, 2002, pp. 117-118.

sociedade de economia mista. Corrobora esse entendimento a inteligência que se extrai da dicção dos arts. 169 e 71, III, ambos da Constituição Federal, ao tratar do controle das despesas com pessoal e do controle externo, respectivamente:

Art. 169. A despesa com pessoal ativo e inativo da União, dos Estados, do Distrito Federal e dos Municípios não poderá exceder os limites estabelecidos em lei complementar.

§ 1º A concessão de quaisquer vantagens ou aumento de remuneração, a criação de cargos, empregos e funções ou alteração de estrutura de carreiras, bem como a admissão ou contratação de pessoal, a qualquer título, pelos órgãos e entidades da administração direta ou indireta, inclusive fundações instituídas e mantidas pelo Poder Público, só poderão ser feitas:

I — se houver prévia dotação orçamentária suficiente para atender às projeções de despesa de pessoal e aos acréscimos dela decorrente;

II — se houver autorização específica na lei de diretrizes orçamentárias, ressalvadas as empresas públicas e as sociedades de economia mista.

[...]

Art. 71. O controle externo, a cargo do Congresso Nacional, será exercido com o auxílio do Tribunal de Contas da União, ao qual compete:

I — (omissis);

II — (omissis);

III — apreciar, para fins de registro, a legalidade dos atos de admissão de pessoal, a qualquer título, na administração direta e indireta, incluídas as fundações instituídas e mantidas pelo Poder Público, excetuadas as nomeações para cargo de provimento em comissão, bem como a das concessões de aposentadorias, reformas e pensões, ressalvadas as melhorias posteriores que não alterem fundamento legal do ato concessório; [...]

Observe-se que o art. 169, da Constituição Federal, disciplina o controle de despesas com pessoal, limitando a concessão de qualquer vantagem ou aumento de remuneração, a admissão ou contratação de pessoal ou aumento de despesa à existência prévia de dotação orçamentária. Por sua vez, o art. 71, III, umbilicalmente ligado àquele artigo, prevê que o controle dos referidos gastos é efetivamente feito pelo Tribunal de Contas, daí por que conclui-se, então, pela observância obrigatória das regras de regime jurídico administrativo ao ato de despedida das sociedades de economia mista por expressa determinação constitucional.

Observe-se. O Estado empregador, ao dispensar empregados públicos sem justa causa, hipótese em que haverá a incidência de verbas rescisórias e indenização de 40% sobre o saldo do FGTS, produzirá um aumento de despesas. O ato de despedida de empregado de sociedade de economia mista é ato administrativo, exatamente por se encontrar submetido a controle e limitações do regime jurídico de direito público, por necessitar guardar consonância com uma finalidade pública determinada, enfim, por consubstanciar-se no exercício de uma função administrativa.

Cabe registrar, por outro lado, que, ainda que houvesse a pretensão de incluir tais atos como de direito privado, como anacronicamente pretendem alguns, haja vista a imposição do regime de direito privado às relações trabalhistas do empregado de sociedade de economia mista (CF, art. 173, § 1º, II), sob a óptica de *Augustin Gordillo*[14], devem ser considerados atos administrativos, uma vez que "é o Direito Administrativo que lhes governa as condições de válida produção, de sorte que o controle deles se faz à moda do que corresponde aos atos administrativos, inclusive com a argüição dos mesmos vícios".

Reconhecida a natureza de ato administrativo, deve o ato de despedida observar não apenas os cinco elementos apontados pela doutrina majoritária como essenciais (competência, finalidade, forma, motivo e objeto), mas, também, deve essencialmente, seguindo tendência do Direito Administrativo moderno, apresentar os fundamentos fáticos e jurídicos que o embasam, ou seja, a motivação.

Ressalva-se, apesar de ter vigorado no Direito Administrativo a regra da não-obrigatoriedade de enunciar os motivos do ato, salvo imposição explícita da norma, que, a partir da década de 1970, vem ocorrendo a predominância da exigência de motivação. Ressalte-se, ademais, que a lei que regula o processo administrativo no âmbito da Administração Pública Federal — Lei n. 9.784/99 — elencou em seu art. 2º expressamente a motivação como princípio, estabelecendo no seu art. 50 uma série de atos para os quais a motivação é imprescindível.

---

(14) GORDILO, 1979 *apud* MELLO, 2003, p. 351.

O assunto, apesar de já mencionado em vários tópicos do presente trabalho, será detalhado a partir de agora no capítulo que cuida da necessidade de motivação do ato administrativo de despedida das sociedades de economia mista.

5.2. Da necessidade de motivação dos atos de despedida do empregado de sociedade de economia mista

Cumpre, agora, apesar de já referido em diversas passagens sobre a necessidade de motivação do ato de despedida do empregado de sociedade de economia mista, reforçar todo o entendimento até aqui mantido, segundo o qual o referido ato submete-se aos princípios constitucionais da Administração Pública, notadamente no que se refere à necessidade de motivação, como requisito de validade do ato rescisório, bem como trazer à baila os entendimentos jurisprudenciais dos tribunais regionais, do Superior Tribunal do Trabalho e do guardião da Ordem Constitucional, o Supremo Tribunal Federal, sobre o tema proposto.

Segundo *Hely Lopes Meirelles*[15], "a ampliação do princípio do acesso ao Judiciário (CF, art. 5º, XXXV), conjugado com o princípio da moralidade administrativa (CF, art. 37, *caput*), torna a motivação, em regra, obrigatória". A ausência do dever de motivar deve ser explícita — quando a lei dispensar ou se a natureza do ato for com ele incompatível. Por assim dizer, a ausência de motivação obedece ao princípio da razoabilidade.

O ato de dispensa de empregado público não se enquadra entre aqueles que apresentam natureza incompatível com a motivação. Não se pode afirmar que a CLT, ao permitir a dispensa sem justa causa, possibilita às empresas estatais a dispensa de seus empregados sem motivação. A necessidade de motivação decorre da harmonização do regime jurídico administrativo com as leis trabalhistas. Daí por que se abre de logo um parêntese para demonstrar a compatibilidade da motivação dos atos em estudo com as regras da Consolidação das Leis do Trabalho — CLT.

---

(15) MEIRELLES, 2002, p. 149.

5.2.1. Da compatibilização das regras trabalhistas com a motivação dos atos de despedida do empregado da sociedade de economia mista

Com efeito, é importante lembrar que as pessoas jurídicas de direito privado instituídas pelo Poder Público, como é o caso da sociedade de economia mista, que integra a Administração publica indireta, colocam-se em ponto intermediário entre as entidades de direito público e as de direito privado instituídas por particulares, congregando características próprias do regime jurídico administrativo e outras de regime jurídico de Direito comum.

Em abono desse entendimento, colhem-se os escólios de *Lúcia Valle de Figueiredo*:

> De seu turno, sociedade de economia mista, também autorizada sua criação por lei, é forma de cometimento estatal, para prestação de serviços públicos ou para intervenção no domínio econômico dentro do confinamento constitucional, revestindo-se da forma de sociedade anônima, mas submissa, em boa parte, mercê do art. 37 do Texto Constitucional, ao regime jurídico administrativo.[16]

Diante desse fato, considerando que o interesse público indisponível predomina sobre o particular, a adoção pura e simples do regime jurídico privado seria contraproducente, haja vista que subtrairia das entidades da Administração indireta determinadas prerrogativas que lhes são reconhecidas precisamente para permitir a consecução de seus fins; do mesmo modo que, ao lhes permitir atuar com autonomia de vontade, própria do direito privado, suprimir-se-iam as restrições legais que o direito público impõe e que constituem a garantia fundamental da moralidade administrativa e do respeito ao direito dos administrados. As normas de direito público que derrogam parcialmente o direito privado têm por objetivo assegurar o equilíbrio entre a posição de supremacia da Administração e a liberdade de atuação que caracteriza as pessoas jurídicas de direito privado.

Tais entes, não obstante possuam personalidade de direito privado, em razão de suas finalidades, submetem-se ao regime jurídico derrogatório do direito público, em seus aspectos essenciais. Significa dizer que se presume a aplicação do direito privado, desde que não

---

(16) FIGUEIREDO, 1998, p. 72.

haja norma publicística em contrário. Tudo isso ocorre em face da natureza híbrida da sociedade de economia mista.

Vê-se, por conseguinte, que a personalidade jurídica de direito privado não tem o condão de impedir a aplicação de certos princípios e normas ínsitos ao regime jurídico administrativo, cuja inobservância comprometeria objetivos basilares do Estado democrático de Direito.

Afirma-se: as normas próprias do direito privado não podem servir de amparo para o descumprimento por parte de tais entes dos imperativos principiológicos que regem a Administração Pública, seja na atuação direta, seja na atuação indireta.

Vale ressaltar, por oportuno, que no campo do Direito, encontram-se muitos conceitos com mais de um significado para um mesmo termo ou palavra. Há uma certa impropriedade terminológica, muitas das vezes.

A propósito, é o que se constata com expressões a exemplo de função, servidor, empregado, trabalho e outras. No campo do Direito do Trabalho e no Direito Administrativo, os citados termos são utilizados com significados diferentes. Há, contudo, uma dificuldade de uniformização terminológica na própria redação do Texto Constitucional, no qual o conceito de servidor público é usado de forma a gozar do atributo da imperfeição.

Celso Antônio Bandeira de Mello[17] assinala que a expressão servidor público deve designar os agentes que entretêm com o Estado e com as pessoas de direito público da Administração indireta relação de trabalho de natureza profissional e de caráter não eventual sob vínculo de dependência, ou seja, serve para designar somente os agentes que prestam serviço em entidades de direito público. De outra parte, *Maria Sylvia Zanella Di Pietro*[18] traz a categoria de empregados públicos (contratados sob o regime da legislação trabalhista e ocupantes de emprego público) como espécie do gênero servidor público, ao lado dos servidores estatutários (sujeitos ao regime estatutário e ocupantes de cargos públicos) e dos servidores temporários (contratados por tempo determinado para atender a necessidade temporária de serviço; eles exercem função sem estarem vinculados a cargo ou emprego público).

Diante da existência de conceitos multiformes, urge delimitar em que sentido será utilizada a expressão "empregado público". Adota-se

---

(17) MELLO, 2003, pp. 230-231.
(18) DI PIETRO, 2003, p. 418.

o conceito de *Maria Sylvia Zanella di Pietro*: empregado público significará os empregados contratados sob o regime da legislação trabalhista e ocupantes de emprego público. Os agentes que mantêm relação profissional com as pessoas governamentais com personalidade jurídica de direito público serão consideradas servidores públicos (celetistas ou estatutários), conforme o regime laboral a que se vinculem (institucional ou contratual).

Os dois principais regimes de pessoal existentes na Administração Pública são o celetista e o estatutário, sendo que, por imposição constitucional (art. 173, § 1º, II), as sociedades de economia mista que explorem atividade econômica devem adotar o regime contratual celetista no âmbito das suas relações trabalhistas. A delimitação do regime jurídico aplicável ao agente é essencial para a fixação das prerrogativas e deveres que lhes deverão ser imputados.

Registre-se o fato de que a primeira diferenciação a ser feita relaciona-se à unidade de atribuição ocupada pelo agente público. Quando o vínculo formador da relação é contratual, regido pela Consolidação das Leis Trabalhistas, ter-se-á emprego público; quando o ocupante tem um vínculo estatutário, regido pelo Estatuto dos Servidores Públicos, tem-se o cargo público.

Para aqueles que ocupam emprego público não se estendem as mesmas garantias institucionais conferidas aos ocupantes de cargo público, contratados sob o vínculo estatutário, *v. g.*, a garantia da estabilidade (art. 41, CF/88), regime de previdência distinto (art. 40, CF/88), disponibilidade remunerada (art. 41, § 3º, CF/88).

O regime estatutário, em face de ter sido elaborado pelo Direito Administrativo para disciplinar as relações típicas das carreiras de Estado, seria, em princípio, o único regime constitucional viável para priorizar o caráter finalístico da função administrativa, a qual se submete aos princípios próprios do regime jurídico administrativo.

O regime trabalhista visa a regular as relações entre empregados e empregadores, servindo a finalidades distintas e obedecendo a princípios próprios; tem por escopo a conciliação entre capital e trabalho, onde sempre há de prevalecer a regra de proteção do hipossuficiente, daí dizer-se que tal regime deve sempre obedecer aos ditames do princípio da proteção, segundo o qual a lei e a sua interpretação devem estar direcionadas à proteção do trabalhador.

O regime estatutário apresenta como características a pluralidade normativa, onde cada ente legisla acerca de seu Estatuto, e a natureza do vínculo é legal. Por outro lado, o regime celetista caracteriza-se pela unicidade normativa; somente a União detém competência para legislar em Direito do Trabalho (art. 22, I, CF/88), e o vínculo constituído é de natureza contratual.

Urge salientar que, no tocante aos celetistas contratados pelas pessoas jurídicas com personalidade jurídica de direito público, existem normas assecuratórias de direitos peculiares ao exercício de suas funções, surgindo um regime diferenciado, harmonizando-se normas de Direito do Trabalho com normas de Direito Administrativo. Tanto isto é verdade que o Tribunal Superior do Trabalho, no tocante aos servidores celetistas da Administração direta, autárquica e fundacional, adotou o entendimento (OJ-SDI-2 n. 22 — cancelada em face da Súmula n. 390 — publicada em 20.4.2005) de que aos mencionados servidores aplica-se a estabilidade prevista no art. 41 da Constituição Federal[19]. O TST adotou, todavia, entendimento (OJ-SDI-1 ns. 229 e 265 — canceladas em face da nova Súmula n. 390 do TST, publicada em 20.4.2005 — e 247) diverso quanto aos empregados das sociedades de economia mista e das empresas públicas, ao determinar excluí-los da estabilidade do art. 41[20].

Ademais, pode-se mencionar o fato de que, na esfera federal, o regime de emprego público do pessoal da Administração direta, autárquica e fundacional está disciplinado pela Lei n. 9.962 de 22.2.2000, que discrimina as hipóteses de rescisão do referido contrato de trabalho.

---

(19) Orientação Jurisprudencial da SDI-2 (TST) n. 22: Ação Rescisória. Estabilidade. Art. 41, CF/88. Celetista. Administração Direta, autárquica ou fundacional. Aplicabilidade. O servidor público celetista da administração direta, autárquica ou fundacional é beneficiário da estabilidade prevista no art. 41 da Constituição Federal.
(20) Orientação Jurisprudencial da SDI-1 (TST) n. 229: Estabilidade. Art. 41, CF/88. Celetista. Empresa pública e sociedade de economia mista. Inaplicável. Orientação Jurisprudencial da SDI-I (TST) n. 247 — Servidor Público. Celetista concursado. Despedida imotivada. Empresa Pública ou Sociedade de Economia Mista. Possibilidade.
Súmula TST n. 390 — ESTABILIDADE. ART. 41 DA CF/1988. CELETISTA. ADMINISTRAÇÃO DIRETA, AUTÁRQUICA OU FUNDACIONAL. APLICABILIDADE. EMPREGADO DE EMPRESA PÚBLICA E SOCIEDADE DE ECONOMIA MISTA. INAPLICÁVEL. (conversão das Orientações Jurisprudenciais ns. 229 e 265 da SDI-1 e da Orientação Jurisprudencial n. 22 da SDI-2) — Res. n. 129/2005 – DJ 20.4.2005. I — O servidor público celetista da administração direta, autárquica ou fundacional é beneficiário da estabilidade prevista no art. 41 da CF/1988. (ex-OJ n. 265 da SDI-1 — Inserida em 27.09.2002 e ex-OJ n. 22 da SDI-2 — Inserida em 20.09.00). II — Ao empregado de empresa pública ou de sociedade de economia mista, ainda que admitido mediante aprovação em concurso público, não é garantida a estabilidade prevista no art. 41 da CF/1988. (ex-OJ n. 229 — Inserida em 20.6.2001, publicada no DJ de 20.4.2005)

O surgimento de hipóteses de rescisões vinculadas (art. 3º, da Lei n. 9.962/2000)[21], nas quais o administrador não pode olvidar os princípios ínsitos ao regime jurídico administrativo, sob pena de ser determinada a reintegração do servidor celetista, vem corroborar o fato de que se faz necessária urgente mudança por parte dos operadores do Direito quanto a espancar de vez interpretações impróprias do art. 173, § 1º, II, da CF, no tocante aos empregados das empresas estatais, especificamente quanto às exploradoras de atividades econômicas.

Interpretações equivocadas do artigo supramencionado levam à afirmação de que a contratação sob regime celetista situa as empresas estatais em plena equiparação, em todos os direitos e obrigações, ao empregador particular, excluindo-se a utilização de princípios do regime jurídico administrativo.

Consoante já demonstrado, e ora se repete, o art. 173, § 1º, II, da Constituição, jamais poderá ser interpretado como um dispositivo que transforma as sociedades de economia mista e empresas públicas em sociedades mercantis comuns. O espírito do referido preceptivo é unicamente o de impedir que na sua atuação as estatais depararem-se com óbices capazes de impedir a consecução de seus fins (que poderiam ser satisfatoriamente realizados por uma pessoa privada comum), ou de que usufruam de prerrogativas ou vantagens extraordinárias inaceitáveis dentro dos princípios da ordem privada (que são próprios das pessoas de direito público, ou das pessoas submetidas à sua regência em suas atividades). O seu objetivo é o de estabelecer a equivalência de atuação entre pessoas estatais e pessoas privadas comuns, e não a igualdade absoluta de regimes ou a identidade jurídica entre seres de direitos diferenciados.

É fato que, a Lei Maior determina, peremptoriamente, a obediência de todos os entes componentes da organização administrativa, seja

---

(21) Lei n. 9.962/2000 (...) Art. 3º O contrato de trabalho por prazo indeterminado somente será rescindido por ato unilateral da Administração Pública nas seguintes hipóteses: I — prática de falta grave, dentre as enumeradas no art. 482 da Consolidação das Leis do Trabalho — CLT; II — acumulação ilegal de cargos, empregos ou funções públicas; III — necessidade de redução de quadro de pessoal, por excesso de despesa, nos termos da lei complementar a que se refere o art. 169 da Constituição Federal; IV — insuficiência de desempenho, apurada em procedimento no qual se assegurem pelo menos um recurso hierárquico dotado de efeito suspensivo, que será apreciado em trinta dias, e o prévio conhecimento dos padrões mínimos exigidos para continuidade da relação de emprego, obrigatoriamente estabelecidos de acordo com as peculiaridades das atividades exercidas.

da Administração direta ou da indireta, aos princípios constitucionais mencionados no art. 37. E, por força de que deve o Direito ser interpretado não de modo a que a ordem legal envolva um absurdo, prescreva inconveniências, levando a conclusões inconsistentes ou impossíveis, numa interpretação lógico-teleógico-sistemático dos dispositivos constitucionais envolvidos (CF, arts. 37 e 173, § 1º, II), urge sejam aplicados os preceitos do regime jurídico de Direito Administrativo, em especial de sua construção principiológica, para as relações laborais das empresas estatais.

Não obstante a atividade exercida pela sociedade de economia mista seja considerada própria da iniciativa privada, o investimento do Estado na criação de um ente administrativo para exercer tais funções demonstra inequivocadamente um interesse público a ser tutelado; interesse esse apto a alterar as relações *interna corporis* travadas entre Estado empregador e os empregados públicos, pois, consoante afirmado, por ocasião do conceito do mencionado ente, deve haver compatibilização do interesse público e privado, o que vem demonstrar que, no caso de conflito, há de prevalecer na espécie o interesse do hipossuficiente, do empregado, em face de tais relações estarem informadas pelo princípio da proteção.

O regime trabalhista em face do exposto, no tocante aos empregados públicos, apresenta temperamentos constantes do regime jurídico administrativo, conferindo-lhe uma conformação *sui generis*, em consonância com os princípios constitucionais administrativos.

Se este fato (aplicação do regime jurídico administrativo de forma excepcional para solucionar a questão) não fosse suficiente para demonstrar a compatibilização das regras trabalhistas com necessidade de motivação dos atos de despedida da sociedade de economia mista, adentra-se o estudo da diferença entre dispensa arbitrária ou sem justa causa, com vistas a reforçar o argumento de que a validade do ato de despedida do empregado público também condiciona-se à motivação.

Assim sendo, urge delimitar, de logo, que a expressão "despedida" ou "dispensa" é acolhida no presente trabalho no sentido clássico, segundo o qual a iniciativa do ato de ruptura do contrato de trabalho foi de iniciativa do empregador, reservando-se o termo "demissão" para as hipóteses quando a iniciativa do termo contratual couber ao empregado (com ou sem justa causa).

Acolhe-se, para o presente estudo, o conceito de dispensa arbitrária, previsto no art. 165, da Consolidação das Leis do Trabalho, o qual dispõe que se entende "por tal a que não se funda em motivo disciplinar, técnico, econômico ou financeiro". Significa dizer que há dispensa arbitrária quando o ato de despedida não se fundamenta em razões de interesse objetivo da empresa ou em atitude ilícita do empregado ao descumprir os seus deveres funcionais (justa causa).

Motivo técnico é aquele que diz respeito à organização da atividade da empresa, como o fechamento de uma filial ou de uma seção, com a despedida dos empregados. Motivo econômico ou financeiro é o relativo à insolvência da empresa, por questões, por exemplo, referentes a receitas e despesas. E, por último, motivo disciplinar é aquele pertinente a uma das hipóteses de dispensa por justa causa (art. 482 da CLT).

A doutrina prevalecente defende a tese de que o ato de rescisão unilateral imotivado por parte do empregador decorreria do seu direito potestativo. Esse direito relaciona-se à liberdade concedida ao detentor dos meios de produção de dispô-los como bem aprouver. Estaria, assim, no âmbito da autonomia da vontade a possibilidade de o patrão dispensar os empregados que a ele estiverem subordinados, não havendo exigências de explicitação de motivos para a conformação do ato.

Com efeito, o Direito potestativo decorre do próprio conceito de propriedade privada, uma vez que, sendo o patrão o proprietário dos bens e meios de produção e da organização dos serviços, não cabe às leis criar-lhes dificuldades para o livre exercício da prática mercantil.

É simplório o argumento de que o ato de dispensa pode ser imotivado em face de revestir-se o empregador da faculdade de informar como pretende seja dirigido o seu negócio, o tal falado poder potestativo. Isto não se faz totalmente verdadeiro, uma vez que a perda do emprego tem uma dimensão que transcende a esfera jurídica. Pode-se dizer que ela atinge a subsistência de uma pessoa, de sua família e de seus dependentes econômicos. Assim, não pode ser disciplinada segundo um princípio de plena liberdade de uma das partes, o empregador, porque o uso indiscriminado do poder de despedir pode assumir proporções que afetem o sentido de justiça social, valor fundamental que deve presidir as relações coletivas e individuais de trabalho.

A Carta Política do Brasil de 1988, no art. 7º, I, objetivando cumprir um de seus primados fundamentais — distribuição de justiça social — expressou a proteção da relação de emprego contra a dispensa arbitrária ou sem justa causa nos seguintes termos:

Art. 7º São direitos dos trabalhadores urbanos e rurais, além de outros que visem à melhoria de sua condição social:

I — relação de emprego protegida contra despedida arbitrária ou sem justa causa, nos termos de lei complementar, que preverá indenização compensatória, dentre outros direitos; [...]

Diante da inexistência da lei complementar referida no inciso transcrito, uma vez configurada a dispensa sem justa causa ou arbitrária, o empregador deverá pagar, além das verbas rescisórias (13º proporcional, férias vencidas e proporcionais, aviso prévio, saldo de salários), um acréscimo de 40% nos depósitos do FGTS, segundo determinação do art. 10, I, dos Atos das Disposições Constitucionais Transitórias[22].

Vê-se, por conseguinte, em princípio, que nada impede a dispensa arbitrária ou sem justa causa, somente havendo necessidade de comprovação de justa causa em alguns casos restritos daqueles que gozam de estabilidade decenal (ditas especiais) ou de estabilidade dita provisória, como é caso do membro de diretoria sindical ou de associação profissional (extensível ao suplente — art. 8º, VIII, da CF e art. 543, § 3º, da CLT), do membro da CIPA — Comissão Interna de Prevenção de Acidente de Trabalho — art. 10, II, dos ADCT e da gestante (Súmula n. 142 do TST e art. 10, II, b, dos ADCT).

É regra comezinha de hermenêutica que a norma não usa expressões inúteis. Portanto, é forçoso concluir que a Constituição Federal de 1988, ao fazer referência no inciso I, do art. 7º, à expressão "despedida arbitrária ou sem justa causa", quis dizer que dispensa arbitrária não seria sinônima da dispensa sem justa causa, como equivocadamente possa ser entendido.

Consoante já afirmado, o art. 165 da CLT estabelece o conceito de dispensa arbitrária como sendo a que não se fundar em motivo disciplinar, técnico, econômico ou financeiro, *in verbis:* "Os titulares da representação dos empregados nas CIPAs não poderão sofrer despedida arbitrária, entendendo-se como tal a que não se fundar em motivo disciplinar, técnico, econômico ou financeiro."

Com fulcro no conceito legal de despedida arbitrária, pode-se compreendê-la como espécie, da qual a dispensa sem justa causa é o

---

(22) Art. 10. Até que seja promulgada a lei complementar a que se refere o art. 7º, I, da Constituição: I — fica limitada a proteção nele referida ao aumento, para quatro vezes, da porcentagem prevista no art. 6º, *caput* e § 1º, da Lei n. 5.107, de 13 de setembro de 1966.

gênero. Esta caracteriza-se pela ausência de motivos disciplinares que justifiquem o ato de despedida.

O Brasil não adotou a teoria da "dispensa motivada" ou "com causa" recomendada pela OIT na Convenção n. 158, de 1982. Esta norma internacional proíbe a dispensa imotivada de empregados, ao determinar a necessidade de explicitação de uma causa justificada, relacionada ou com a capacidade e comportamento do empregado ou baseada nas necessidades da empresa, estabelecimento ou serviço (art. 4º da Convenção) e confere ao empregado o direito de ser previamente avisado da causa, possibilitando-lhe a oportunidade de defender-se das acusações (art. 7º da Convenção).

Essa norma, em 1992, foi pelo Brasil adotada, por meio do Decreto Legislativo n. 68 e o Decreto n. 1.855, de 10.4.1996, promulgou-a. Em razão, entretanto, das determinações dessa convenção conflitarem com os preceitos decorrentes do art. 7º, I da CF, que exige apenas a indenização e não a motivação do ato rescisório, o Brasil denunciou o pacto em 20.11.1996.

A indenização compensatória é a única proteção garantida ao empregado contra a despedida arbitrária, a teor do art. 7º, I, da CF, fato que enseja problemas, apontando-se, por exemplo, a existência de dispensas com fins claros de perseguição, em contrapardita à reclamação trabalhista oferecida pelo empregado, e dispensas obstativas entendidas como aquelas que têm por finalidade dificultar a implementação de um direito por parte do empregado, como, por exemplo, as que visam a impedir a elevação de salários.

Volta-se, pois à questão: há possibilidade jurídica de despedida sem justa causa para os empregados públicos da sociedade de economia mista? Deve o tratamento conferido ao empregado daquela sociedade ser igual aos empregados particulares?

Por tudo o que foi visto, a solução pode ser resumida sob dois fundamentos: a) impossibilidade jurídica da dispensa sem justa causa, em face da derrogação operada pelo regime jurídico administrativo na relação de trabalho firmada entre Estado empregador e empregado público; b) admite-se a possibilidade da dispensa sem justa causa, ressalvando, entretanto, o dever de motivação.

A vedação em absoluto de dispensa sem justa causa significa igualar dispensa arbitrária à sem justa causa, o que não é uma verdade. Dispensa arbitrária é aquela que não apresenta causa/motivo (disciplinar, técnico, econômico ou financeiro), onde a despedida sem justa causa é o gênero. Vale dizer, toda despedida sem justa causa é arbitrária; mas, nem toda despedida arbitrária é sem justa causa. A despedida arbitrária não é imotivada. Logo, não se admite despedida sem um motivo que a ampare no âmbito das sociedades de economia mista regidas pelo regime jurídico híbrido, onde as normas de direito privado são derrogadas em face da imposição obrigatória dos princípios Constitucionais[23].

Resta evidente, portanto, que diante do fato de que o direito potestativo do empregador, feito referência linhas atrás para fundamentar a dispensa arbitrária e sem justa causa independentemente de qualquer motivação, decorre do conceito de propriedade privada, ou seja, em razão de o empregador ser o detentor dos meios de produção e possuir liberdade para extinguir a relação, não se coaduna com a natureza jurídica das sociedades de economia mista.

O administrador da sociedade de economia mista não cuida de coisa própria, e, como gestor de coisa pública, deve agir sob o auspício da norma de Direito, não possui relação de propriedade com o bem gerido e é guiado, em suas decisões, pelo interesse público. Inadmissível, portanto, é a configuração de direito potestativo a embasar dispensas imotivadas. A propósito, leciona *Ney José Freitas*:

> Em primeiro lugar, porque o Estado não se transforma e nem pode se transformar em empregador comum pelo fato de contratar pelo regime da Consolidação das Leis do Trabalho. Tal opção não afasta a incidência de princípios e regras constitucionais aplicáveis — sempre — onde se manifestar o exercício de função administrativa.
>
> O poder potestativo, como concebido no direito do trabalho, não cabe onde comanda a denominada relação de administração. O administrador público, na condição de gestor da *res publica*, não detém liberdade para agir de acordo com a sua vontade que, aliás, é irrelevante no que se refere aos empregados públicos, pois estes são servidores do Estado e não da pessoa do administrador público, como ocorreria em uma relação privada.
>
> Não há que se falar, portanto, em poder potestativo do empregador, já que tal figura somente existe (e dentro de limites razoáveis) no

---

(23) TEIXEIRA, 1998, pp. 147-154.

âmbito de aplicação da norma trabalhista em sua pureza de conteúdo, o que significa dizer que, no sítio de um regime híbrido, a hipótese jamais ocorre.[24]

Apesar da lógica e do peso dos argumentos ora expendidos, alguns julgados dos tribunais trabalhistas, acompanhando as Orientações Jurisprudenciais ns. 229 (convertida na Súmula do TST n. 390) e 247, da Seção de Dissídios Individuais do TST[25], admite indiscriminadamente a dispensa "imotivada" nestas empresas, sufragando em um "suposto" direito potestativo de que estaria investido o administrador.

Colacionam-se, por oportuno, as seguintes decisões:

ATO DEMISSÓRIO — SOCIEDADE DE ECONOMIA MISTA — INEXIGIBILIDADE DE MOTIVAÇÃO — Art. 173, § 1º da CF. As empresas estatais submetem-se, por força do art. 173, § 1º da atual Carta Magna, ao regime jurídico próprio das empresas privadas, não se lhes aplicando, neste âmbito, a exigência de motivação dos respectivos atos. (TRT 7ª Região, RO n. 3.973/96, Ac. n. 334/97, Relª Juíza Laís Maria Rossas)

EMPREGADO DE SOCIEDADE DE ECONOMIA MISTA — MOTIVAÇÃO DE DISPENSA — DISTINÇÃO ENTRE ATO ADMINISTRATIVO E ATO DE DIREITO PRIVADO DA ADMINISTRAÇÃO PÚBLICA — APLICAÇÃO DO ART. 173 DA CONSTITUIÇÃO FEDERAL: A reclamada, enquanto sociedade de economia mista, está abrangida pelo art. 173, § 1º, da Constituição Federal, sujeitando-se, portanto, ao regime jurídico próprio das empresas privadas, inclusive quanto às obrigações trabalhistas. Assim, ao contratar empregados celetistas, pratica ato de direito privado, igualando-se

---

(24) FREITAS, 2002, p. 133.
(25) Súmula TST n. 390 — ESTABILIDADE. ART. 41 DA CF/1988. CELETISTA. ADMINISTRAÇÃO DIRETA, AUTÁRQUICA OU FUNDACIONAL. APLICABILIDADE. EMPREGADO DE EMPRESA PÚBLICA E SOCIEDADE DE ECONOMIA MISTA. INAPLICÁVEL. (conversão das Orientações Jurisprudenciais ns. 229 e 265 da SDI-1 e da Orientação Jurisprudencial n. 22 da SDI-2) — Res. n. 129/2005 — DJ 20.4.2005 I — O servidor público celetista da administração direta, autárquica ou fundacional é beneficiário da estabilidade prevista no art. 41 da CF/1988. (ex-OJ n. 265 da SDI-1 — Inserida em 27.9.2002 e ex-OJ n. 22 da SDI-2 — Inserida em 20.9.00)
II — Ao empregado de empresa pública ou de sociedade de economia mista, ainda que admitido mediante aprovação em concurso público, não é garantida a estabilidade prevista no art. 41 da CF/1988. (ex-OJ n. 229 — Inserida em 20.6.2001, publicada no DJ de 20.4.2005)
Orientação Jurisprudencial da SDI-I (TST) n. 247 — Servidor público. Celetista concursado. Despedida imotivada. Empresa Pública ou Sociedade de Economia Mista. Possibilidade.

ao particular e desnudando-se das prerrogativas de que faz uso quando emite atos administrativos, *razão pela qual se encontra autorizada a dispensar seus empregados, ainda que admitidos mediante concurso público, de forma imotivada.* (TRT 12ª Região, RO-V n. 3.167/97 — Ac. 3ª T. 13.799/97, 29.9.1997, *in* Revista LTr 62-08/1111) (apenas os grifos inovados)

DISPENSA SEM JUSTA CAUSA DE EMPREGADO DE EMPRESA PÚBLICA NÃO FERE OS PRINCÍPIOS DA LEGALIDADE, DA IMPESSOALIDADE E DA MOTIVAÇÃO QUE REGEM OS ATOS ADMINISTRATIVOS. O administrador que assim age, apenas utiliza-se do poder potestativo que lhe garante a legislação consolidada, em atenção ao comando extraído do art. 173, § 1º, inciso II, da Constituição Federal. Tribunal: 2ª Região Acórdão Núm: 20020541583 Decisão: 19.8.2002 Tipo: RO 01 Núm: 03340200290202008 Ano: 2002 Número Único Proc: RO 01 — Recurso Ordinário Turma: 09 Órgão Julgador — Nona Turma.

Nas decisões transcritas, percebe-se que o entendimento baseia-se em uma interpretação reducionista, meramente literal do art. 173, § 1º, II da CF, nas distorções que podem advir de interpretações que desrespeitam por completo as normas principiológicas com sede na Constituição Federal, o que traz prejuízos incalculáveis ao empregado público e ao serviço público no exercício da função administrativa.

Com efeito, apesar da sujeição às normas da legislação trabalhista, entretanto, não há como excluir os empregados públicos, sejam de entidades de direito público ou de direito privado, da seara de aplicação dos postulados orientadores da atuação da Administração Pública. Igualmente, comunga desse entendimento o Juiz do Trabalho, *Sérgio Torres Teixeira,* ao afirmar que a Administração Pública,

> Mesmo ao "abdicar" dos privilégios decorrentes do seu poder de império no tocante às suas relações de trabalho, a entidade integrante da Administração Pública que adota o regime "celetista", e, portanto, assume a posição de empregador público, não se exime da sujeição aos princípios positivados pelo legislador constituinte no artigo 37 da Carta Política de 1988. Continuam a ser, mesmo em face das suas relações laborais de cunho privatístico, entes que compõem a Administração Pública Direta ou Indireta. E, como conseqüência, se sujeitam às diretrizes orientadoras da atuação do administrador público.[26]

---

(26) TEIXEIRA, 1998, p. 326.

Com efeito, a despedida imotivada situa os empregados públicos completamente vulneráveis aos desmandos e abusos de seus "superiores". Tal situação é absolutamente inadmissível no âmbito da Administração Pública regida por todos os princípios do art. 37, *caput,* CF.

A contratação de empregados no âmbito da sociedade de economia mista, sempre precedida de concurso público, denota o atendimento a um interesse público específico. Por via de conseqüência, *a contrario sensu,* a dispensa de empregados públicos deverá ser pautada em interesse público, sob pena de ofensa irretorquível ao princípio da impessoalidade e da finalidade.

Não pode o administrador de plantão praticar atos ao seu livre arbítrio, sem estabelecer critérios para tanto. Consoante já expresso, não é a vontade de um agente que conduz à atividade administrativa; mas, a finalidade pública. Impõe-se imprescindível, portanto, a pré-estipulação de critérios objetivos para rescisão dos contratos laborais, para o fim de coibir favoritismo e perseguições de outros. Entendimento a contrário é violação ao princípio da impessoalidade.

Por se compadecer ao caso, toma-se de empréstimo trecho do parecer da pena de *Obi Damasceno*, consultor da União, cuja ementa e parte do teor transcrevem-se:

> Ementa: Ilegalidade da Portaria n. 306, de 30.09.1980. Servidor admitido por concurso, conquanto regido pela Consolidação das Leis do Trabalho, não pode ser dispensado discricionariamente, sem motivação. Ato nulo, a configurar abuso de poder. Reintegração do interessado no emprego. A dispensa de emprego, como todo ato administrativo, há de ser motivada ainda que se cuide de relação regida pela CLT, implicando sua falta, sem dúvida, invalidade do ato, até mesmo por se configurar, na hipótese, abuso de poder. No âmbito da Administração Pública, ao contrário do que se verifica na atividade privada, não é admissível venha a autoridade ao seu talante rescindir sem causa contrato de trabalho, máxime considerando tratar-se de servidor admitido por concurso e detentor em seus assentamentos de boas referências funcionais como consta do processo.[27]

Considerando que a validade do ato de dispensa reside na determinação do interesse público, em que hão de prevalecer os princípios sobre as regras privadas, em uma perfeita derrogação autorizada pela

---

(27) DAMASCENO, 1995 *apud* FREITAS, 2002, p. 135.

Constituição Federal é forçoso reconhecer que o ato estará eivado de nulidade insanável, caso não expresse os motivos que serviram de substrato para sua prática.

A submissão, ao Direito do Trabalho, dos empregados da sociedade de economia mista, não é incompatível com a sujeição dos ditames do art. 37, *caput*, da *Lex Fundamentalis*. Efetivamente, o art. 173, § 1º, II, do Texto Constitucional apenas define o regime jurídico laboral de tais entidades, nivelando-as às empresas privadas. De forma alguma, excepciona a aplicação dos princípios norteadores da Administração Pública. As sujeições do art. 173 estão em harmonia com as imposições do art. 37. Este dispositivo estabelece as diretrizes genéricas que a sociedade de economia mista deve seguir como entidade integrante da Administração Pública indireta, inclusive no tocante à sua atuação como empregador público; o art. 173 cuida do regime disciplinador dessas relações laborais. Um não exclui o outro, pelo contrário, complementam-se[28].

Em conclusão, a validade do ato de dispensa do empregado público também se condiciona à motivação, cuja compatibilização com o Direito do Trabalho restou demonstrada. Nesse sentido, continua-se na defesa da necessidade de motivação do de despedida da sociedade de economia mista.

5.2.2. Da necessidade de motivação do ato de despedida da sociedade de economia mista

Na pena da magistrada Germana de Oliveira Moraes, a obrigatoriedade de motivação explícita, clara, congruente e tempestiva dos atos administrativos decorre:

> [...] Na ordem jurídica brasileira, dos princípios constitucionais da Administração Pública, independentemente da existência de previsão de norma constitucional específica. No plano infraconstitucional, ela está contemplada, como princípio da Administração Pública, no artigo 2º da Lei 9.784, de 29.1.1999, cujo artigo 50 determina que os atos administrativos ali catalogados deverão ser motivados, com indicação dos fatos e fundamentos jurídicos.[29]

---
(28) TEIXEIRA, 1998, p. 331.
(29) MORAES, Germana de Oliveira. Obrigatoriedade de motivação explícita, clara, congruente e tempestiva dos atos administrativo. *Revista do Curso de Mestrado em Direito da UFC — Nomos*, v. 16, 17 e 18, n. 4-6, p. 11-15, jan./dez. 1997/1999, p. 11.

Nessa linha de raciocínio, a Magistrada assinala que "muito embora fosse preferível, tanto sob o ponto de vista de política legislativa, quanto sob aquele de opção axiológico-normativa, que esta obrigatoriedade extraísse seu fundamento de uma norma constitucional específica que o garantisse, em nosso ordenamento, ela prescinde da existência de uma regra constitucional que a imponha", decorrendo a obrigatoriedade de motivação dos princípios constitucionais do Estado Democrático de Direito, da razoabilidade, do direito da ampla defesa, da publicidade e do princípio da inafastabilidade à tutela jurisdicional. No Brasil, à semelhança do que ocorre na Alemanha e na França, ampara-se o dever de motivar em norma infraconstitucional, nos arts. 2º e 50 da Lei n. 9.784/99, que regula o processo administrativo no âmbito da Administração Pública federal[30].

No caso em estudo, o ato de despedida é praticado por um ente ligado à Administração Pública indireta, sociedade de economia mista, que se encontra jungida aos princípios constitucionais insertos no art. 37, da Carta Política, e ao regramento infraconstitucional imposto pela Lei n. 9.784, de 29.01.1999, que impõe a observância obrigatória de todos os ditames do regime jurídico do ato administrativo no exercício da função administrativa por parte dos entes da Administração indireta. Verifica-se, com efeito, que o ato de despedida da sociedade de economia mista é ato administrativo, pois praticado por ente governamental no exercício de função administrativa.

Com efeito, ao Poder Público incumbe o dever de promover o bem comum, ficando sob a responsabilidade das empresas privadas o dever à responsabilidade social.

Cabe, igualmente, às entidades privadas atender ao primado do bem comum, da prevalência do social, contra prática de atos abusivos, e obediência aos princípios preponderantes no Direito protetivo do trabalho: "*in dubio pro operario*; da norma mais favorável; da condição mais benéfica; irrenunciabilidade de direitos; continuidade da relação de emprego; igualdade de tratamento; razoabilidade; primazia da realidade e da boa-fé."

---

(30) *Ibid.*, p. 12.

Em decisão da lavra do Tribunal Regional do Trabalho da 9ª Região, adotando esses princípios em decisão recente e inovadora a ser destacada, cujo relator foi o juiz João Oreste Dalazen — examinando a situação jurídica discutida nos autos, com apoio na própria ordem jurídica estabelecida em nosso ordenamento jurídico e numa interpretação criativa do Direito, assegurou a entrega da tutela jurisdicional, ao garantir a reintegração de um trabalhador que depois de muitos anos de trabalho prestado a um estabelecimento foi demitido após ter denunciado irregularidades numa licitação, declarou a nulidade do ato, por dispensa imotivada que desatendeu o clamor social pela paz social, mormente no pertinente ao compromisso das empresas em sua responsabilização social pela empregabilidade e pelo respeito aos princípios da impessoalidade e da moralidade, *verbis*:

> Tribunal Regional do Trabalho da 9ª Região. 3ª Turma. Relator: Juiz Oreste Dalazen. Acórdão 8.921/90. Despedida. Empregado de estatal. Motivação. Reintegração. 1 — Empresas públicas e sociedade de economia mista submetem-se a um regime jurídico híbrido, inclusive quanto às obrigações trabalhistas. Cumpre-lhes motivar o ato administrativo da despedida, precedendo-a de apuração de responsabilidade por infração disciplinar grave do empregado, em que lhe assegure ampla defesa, sob pena de escancarar-se a porta à fraude no concurso público. 2 — Nula a dispensa "imotivada" de engenheiro de estatal, com largo e inatacável tempo de serviço, poucos dias depois de veicular denúncia de irregularidade em licitação para obra desnecessária superfaturada. Pedido de reintegração acolhido.

Em idêntico sentido:

> Tribunal Regional do Trabalho da 9ª Região. 3ª Turma. Relatora: Juíza Wanda Santi Cardoso da Silva. Acórdão 28.160/95. Despedida. Ato administrativo. Nulidade. É nulo ato de despedida, de empregado praticado pela administração indireta, cuja motivação extrai-se das provas, distancia-se dos princípios da legalidade e moralidade. Reintegração determinada. Recurso provido em parte.

Do voto do relator extrai-se a seguinte defesa:

> A natureza jurídica das empresas públicas e sociedade de economia mista, como a reclamada, à face de diversas disciplinas próprias e restritivas de direito, levam à conclusão de que se enquadram num regime jurídico híbrido. Submetem-se, ainda, ao princípio motivação

dos atos administrativos. Não há como afastar tais considerações, pois trata-se, inegavelmente, de empresas responsáveis por significativo patrimônio público.

Não obstante à interpretação do comando do disposto no art. 37 da Carta Magna de 1988 que não permite ao administrador público ofender os princípios da legalidade, impessoalidade, moralidade, publicidade e eficiência, o Tribunal Superior do Trabalho não acompanhou o avanço já alcançado pelos tribunais regionais. Preferiu a interpretação flexibilizadora do direito, que atende mais ao interesse do capital à consecução de seus objetivos conhecidos: maior produtividade, maximização dos lucros ao menor custo operacional possível ao emprestar interpretação isolada ao disposto no § 1º do art. 173 da CF, ao pacificar sua jurisprudência por meio da Orientação Jurisprudencial n. 247 (TST) da SDI-1, no sentido de que não há necessidade de motivação do ato de dispensa de empregados de empresas estatais, pois, nesse caso, o regime é aquele próprio das empresas privadas, nos termos do art. 173, § 1º, II, da Constituição Federal. Esta interpretação é reducionista e violadora dos princípios constitucionais e da Lei n. 9.784/99. Senão observe-se.

A Constituição não pode ser examinada isoladamente, olhando-se, apenas, um de seus dispositivos (art. 173, § 1º, II), olvidando que ele se encontra dentro de um complexo de normas que devem ser observadas como um todo. A Constituição, ao dispor a ordenação normativa suprema do País, estabelece um liame — vínculo dessa ordenação normativa — outorgando-lhe unidade e conteúdo sistemático, no sentido de que, para aplicação de determinado postulado do mesmo Texto Constitucional, há que se observar o princípio da unidade da ordem jurídica.

Luís Roberto Barroso, aproveitando ao que tudo indica das idéias de *Del Vecchio*, ao tratar das regras hermenêuticas que devem preponderar na interpretação constitucional, afirma que Constituição:

> [...] não é um conjunto de normas justapostas, mas um sistema normativo fundado em determinadas idéias que configuram um núcleo irredutível, condicionante da inteligência de qualquer de suas partes. O princípio da unidade é uma especificação da interpretação sistemática, e impõe ao intérprete o dever de harmonizar as tensões e contradições entre normas.[31]

---

(31) BARROSO, Luís Roberto. *Interpretação e aplicação da Constituição*. Saraiva: São Paulo, 1996, p. 182.

E imperioso registrar que o professor *Ney José de Freitas*, Juiz do TRT-PR, conhecido pelos seus dotes na área do Direito Administrativo e Constitucional em seu livro "Dispensa de Empregado Público & o Princípio da Motivação", já citado neste trabalho por diversas vezes, ao examinar o disposto no art. 173, § 1º, II, em conjunto com os demais postulados constitucionais, manifesta-se no sentido de que há equívoco no entendimento de que seja inaplicável a adoção do emprego dos princípios orientadores da Administração Pública disciplinados pelo comando do art. 37, *caput,* da CF para a dispensa dos empregados de sociedade de economia mista e de suas subsidiárias que exploram atividade econômica, uma vez que a todas se aplica o condicionamento à necessária motivação do ato rescisório.

Buscando substrato nos princípios preponderantes recepcionados pelo Direito protetivo do trabalho e nas normas que compõem o nosso ordenamento jurídico e nos ensinamentos do Juiz *Ney José de Freitas*, na obra já citada, a respeito do alcance do regrado pelo art. 173, § 1º da *Lex Legum*, o TRT-PR (9ª Região) chegou a editar a Súmula n. 03, adotando a exigência do cumprimento dos princípios então exigidos pelo art. 37, *caput*, pacificando o entendimento da necessidade da motivação da despedida sob pena de invalidade do ato rescisório, o que provocou diversas decisões reconhecendo o direito de os concursados das empresas vinculadas à Administração Pública, mesmo indiretamente, incluindo-se as concessionárias do serviço público, não serem demitidos sem motivação a teor do art. 37, *caput* da Constituição Federal.

Registre-se que tal entendimento está em consonância com o ordenamento jurídico e com a melhor interpretação do Texto Constitucional. Com efeito, a leitura dos arts. 37 e 173 deve ser feita numa interpretação unitária de todo o sistema protetivo ao trabalho humano, sendo de se ponderar que a Carta Política vigente, já em seu art. 1º, traz como fundamentos da República Federativa do Brasil a observância: I — a soberania; II — a cidadania; III — a dignidade da pessoa humana; IV — aos valores sociais do trabalho e da livre iniciativa.

Urge salientar, ainda, que o Direito Constitucional não protege o interesse especulativo do lucro; mas, sim assegura prevalência do social (CF, art. 5º, inciso XXIII e inciso III do art. 170), sendo que o Estado do Bem-Estar Social se encontra assegurado, como se extrai da inteligência dos arts. 1º, III e IV, 3º c/c. o art. 193 da Carta Política de 1988, segundo os quais a ordem econômica deve ser fundada na valorização do trabalho humano e na livre iniciativa, tendo por fim assegurar a todos existência digna, conforme os ditames da justiça social.

Em cumprimento aos comandos constitucionais há pouco referidos, o Código Civil Brasileiro de 2002, antes privativista, voltou-se para o atendimento do interesse maior da sociedade, na prevalência do social, como se depreende da análise do art. 1.228, ao dispor que o proprietário do capital tem a faculdade de usar, gozar e dispor da coisa, e o direito de reavê-la do poder de quem quer que injustamente a possua ou detenha, desde que sua utilização fique condicionada às suas finalidades econômicas e sociais:

> Art. 1.228. O proprietário tem a faculdade de usar, gozar e dispor da coisa, e o direito de reavê-la do poder de quem quer que injustamente a possua ou detenha.
>
> § 1º O direito de propriedade deve ser exercido em consonância com as suas finalidades econômicas e sociais e de modo que sejam preservados, de conformidade com o estabelecido em lei especial, a flora, a fauna, as belezas naturais, o equilíbrio ecológico e o patrimônio histórico e artístico, bem como evitada a poluição do ar e das águas.
>
> § 2º São defesos os atos que não trazem ao proprietário qualquer comodidade, ou utilidade, e sejam animados pela intenção de prejudicar outrem.
>
> § 3º O proprietário pode ser privado da coisa, nos casos de desapropriação, por necessidade ou utilidade pública ou interesse social, bem como no de requisição, em caso de perigo público iminente.
>
> § 4º O proprietário também pode ser privado da coisa se o imóvel reivindicado consistir em extensa área, na posse ininterrupta e de boa-fé, por mais de cinco anos, de considerável número de pessoas, e estas nela houverem realizado, em conjunto ou separadamente, obras e serviços considerados pelo juiz de interesse social e econômico relevante.
>
> § 5º No caso do parágrafo antecedente, o juiz fixará a justa indenização devida ao proprietário; pago o preço, valerá a sentença como título para o registro do imóvel em nome dos possuidores.

Com efeito, a luta pelo avanço em prol do interesse maior da sociedade, a prevalência do social, deve a curto espaço de tempo colocar o Tribunal Superior do Trabalho no seu caminho original, no sentido de oferecer ao cidadão a verdadeira justiça social na entrega da prestação jurisdicional, assegurando-lhe, dessa forma, os direitos sociais e humanos e não o atendimento dos interesses econômicos do capital.

O Direito do Trabalho não surgiu para proteger a economia; mas, defender direitos sociais, dentre estes a permanência e a garantia no emprego.

A interpretação mais condizente com os valores sociais do trabalho que pode ser extraída do art. 173, § 1º, II, da Constituição Federal, pode ser resumida na pena de *Ney José de Freitas*[32], nos seguintes termos:

> A *personalidade de direito privado* atribuída às sociedades de economia mista é, assim, mero recurso técnico, incapaz de provocar distúrbios na intimidade dessas pessoas jurídicas, pois são, em essência, sujeitos auxiliares do Estado. Não se cogita de que o expediente tenha o condão de embargar a positividade de certos princípios e normas de direito público, sob pena de converter-se o acidental — a personalidade de direito privado — em essencial, e o essencial — caráter de sujeitos auxiliares do Estado — em acidental.
>
> No que se refere às empresas públicas e sociedade de economia mista objeto de interferência do Estado (serviços governamentais), a situação é peculiar. De fato, essas pessoas jurídicas submetem-se, basicamente, ao mesmo regime aplicável às empresas privadas. Contudo, tal afirmação deve receber uma dose de temperamento. A aplicação do mesmo regime das empresas privadas não significa identidade absoluta. A esse respeito aprecie-se a notável lição do Ministro Celso de Mello, quando afirma que esse preceito (CF/88, art. 173) veicula norma de equiparação, que visa deslegitimar qualquer deliberação do Poder Público que, ao conferir privilégio a entidades paraestatais que explorem atividade econômica, importe em tratamento discriminatório incompatível com os postulados constitucionais da livre iniciativa e da livre concorrência entre diversos agentes econômicos. Não há dúvida, portanto, que a norma constitucional pretendeu evitar qualquer tratamento discriminatório entre empresas do Estado de interferência na atividade econômica e empresas privadas,

---

(32) FREITAS, 2002, pp. 101-102.

sob pena de afronta ao princípio da igualdade. Atento a esse fato, o sempre citado Celso Antônio afirma que a regra constante do § 1º do art. 173 da CF/88, contém exagero que exige adequação interpretativa. Em verdade, nesse caso, configura-se um típico regime híbrido: incidência do direito privado, em mescla com regras e princípios de direito público. A conclusão do autor é certeira no sentido de que o propósito do texto mencionado foi impedir que o Poder Público, atuando em reduto próprio dos particulares, pudesse auferir privilégios, gerando concorrência desleal, o que, sem dúvida, não agrada ao que dispõe o ordenamento constitucional em vigor.

Não obstante, o TST, em algumas decisões, tenha se afastado desse pensamento, flexibilizando o Direito, no sentido de se acolher a dispensa de servidor público admitido por concurso público, por ser regido pela CLT, sem motivação, não se aplicando o princípio da legalidade do art. 37, II, da Constituição Federal, o que, no entendimento desta pesquisadora é um retrocesso, entende-se por bem transcrever decisão da lavra dessa Corte, proferida nos autos do RR n. 707521/00.8:

> Dispensa em sociedade de economia mista segue regras da CLT (Notícias TST). A demissão dos empregados das sociedades de economia mista segue as regras estabelecidas pela Consolidação das Leis do Trabalho (CLT) e pela legislação complementar. A tese — decorrente de interpretação da Constituição Federal — foi adotada pela Quinta Turma do Tribunal Superior do Trabalho ao afastar (não conhecer) recurso de revista e, com isso, reconhecer a validade da dispensa, sem motivação, de uma ex-funcionária da Companhia de Armazéns e Silos do Estado de Minas Gerais, CASEMG. Após ter sido admitida por meio de concurso público, a trabalhadora foi demitida sem justa causa — a exemplo do que acontece com os demais empregados regidos pela CLT. No TST, buscava a reintegração aos quadros da CASEMG com base no art. 37, inciso II, da Constituição Federal. Essa mesma possibilidade já havia sido negada pela Justiça do Trabalho mineira. O relator da questão no TST, o juiz convocado João Carlos de Souza, esclareceu que a Subseção de Dissídios Individuais — 1 (SDI-1) do Tribunal Superior do Trabalho possui duas Orientações Jurisprudenciais (OJs) cuidando do tema. A OJ n. 229 considera inaplicável a estabilidade ao empregado de sociedade de economia mista e a OJ n. 247 admite a possibilidade de demissão imotivada do servidor público celetista concursado. "Ademais, o art. 173, § 1º, da Constituição Federal é claro ao afirmar que a empresa

pública, a sociedade de economia mista e outras entidades que explorem atividade econômica sujeitam-se ao regime próprio das empresas privadas, inclusive quanto às obrigações trabalhistas e tributárias", acrescentou o relator ao esclarecer o enquadramento jurídico conferido pelo Texto Constitucional a órgãos como a Companhia de Armazéns e Silos mineira. Na mesma decisão, a Quinta Turma também afastou o pedido de equiparação salarial formulado pela trabalhadora dispensada em relação à outra funcionária que ocupava cargo de mesma denominação. A identidade no título dos cargos não é, contudo, suficiente por si só para assegurar a equiparação. Ao se reportar à decisão regional, o juiz convocado verificou que a trabalhadora demitida elaborava quadros de avaliação mensais sobre o andamento da empresa e o quadro demonstrativo das receitas e despesas com custeio por meio do balancete mensal. A outra empregada elaborava novas rotinas de trabalho, instruções normativas, prestava assessoramento técnico e substituía a chefia em suas ausências. Após a constatação de que as trabalhadoras exerciam funções e tarefas diferentes, apesar de ocuparem cargos com mesma denominação, João Carlos de Souza confirmou a inexistência de direito à equiparação. Baseou-se na Orientação Jurisprudencial n. 328 da SDI-1, onde é dito que a equiparação salarial só é possível quando os trabalhadores exercem a mesma função, "não importando se os cargos têm, ou não, a mesma denominação. (RR n. 707.521/00.8). Fonte: www.tst.gov.br

Observe-se que, nessa hipótese e em outras análogas, o Tribunal Superior do Trabalho divorcia-se da melhor interpretação que deve ser dada na aplicação dos normativos constitucionais (CF, arts. 37 e 173), que, em muito, aparentemente, seriam excludentes, mas que numa interpretação lógico-sistemática leva a duas brilhantes conclusões já manifestadas pelo órgão encarregado de dizer o Direito em última instância, mantendo a unidade e a coerência da ordem jurídica, o Supremo Tribunal Federal: a primeira, no sentido de que o exercício abusivo, pelo empregador, do poder de despedir sem justa causa, implica nulidade do ato demissório; e a segunda, no sentido de que a existência do interesse público[33] é requisito de validade do ato de

---

(33) Para Celso Antônio Bandeira de Mello, *op. cit.*, pp. 50, 52, 56, ninguém duvida da importância da noção jurídica de interesse público. O ato administrativo que dele se desencontre será necessariamente inválido. O interesse público deve ser pensado como o "interesse do todo, ou seja, do próprio conjunto social, assim, como acerta-se também em sublinhar que não se confunde com a somatória dos interesses individuais, peculiares de cada qual". Conclui, então, que "uma vez reconhecido que os interesses públicos correspondem à dimensão pública dos interesses individuais, ou seja, que consistem

dispensa. No que toca ao segundo aspecto, o Ministro Celso Mello (RE n. 01302062/210 — Recorrente: Companhia Paranaense de Energia — COPEL; Recorrido: Carlos Alberto dos Reis e outros), à certa altura de seu voto, afirma, nas palavras de *Ney José Freitas*[34], "no âmbito das relações de emprego operada pelo Estado, os limites ao poder de despedida imotivada se afirmam com mais rigor, devendo existir para assegurar que a entidade estatal atue em nome do interesse do Poder Público (é dizer: no interesse público) sem desvio ou abusos".

É oportuno esclarecer que as interpretações infirmadas sobre a aplicabilidade do art. 173 da Constituição Federal são de duas ordens. Uma parte da doutrina sustentava que a aplicação do citado artigo tinha por fim proteger a sociedade de economia mista da burocracia imposta aos entes da Administração Pública; outra parte da doutrina entendia que o objetivo da norma constitucional era impedir a concorrência desleal entre as empresas estatais e as empresas do setor privado.

Urge trazer à baila as conseqüências advindas dessas duas interpretações. A primeira delas tira do seu âmbito de incidência as sociedades de economia mista exploradoras de atividade econômica do Direito Administrativo para colocá-las sob os auspícios do direito privado, não se aplicando a elas prerrogativas (imunidade tributária, poderes de império nas relações contratuais), nem as sujeições administrativas (dever de licitar, de fazer concurso público, de motivar os atos de dispensa de empregados). Quanto à segunda interpretação, apenas proíbe as benesses das prerrogativas públicas; todavia, obriga-as ao cumprimento das sujeições administrativas.

---

no plexo dos interesses dos indivíduos *enquanto partícipes da Sociedade* (entificada juridicamente no Estado), nisto incluído o depósito intertemporal destes mesmos interesses, põe-se a nu a circunstância de que não existe coincidência necessária entre interesse público e o interesse do Estado e demais pessoas de Direito público". Fica visível que "existe um direito individual, particular atinente às conveniências de cada um no que concerne aos assuntos de sua vida particular — interesse, este, que é o da pessoa ou grupo de pessoas *singularmente consideradas* —, e que, de par com isto, existe também o interesse *igualmente pessoal* destas mesmas pessoas ou grupos, mas que comparecem enquanto partícipes de uma coletividade maior na qual estão inseridas, tal como nela estiveram os que os precederam e nela estarão os que irão a sucedê-los nas gerações futuras. Pois bem, é este último interesse que nomeamos de *interesse do todo ou interesse público*. Este deve ser conceituado como o interesse resultante do conjunto dos interesses que os indivíduos pessoalmente têm quando considerados em sua qualidade de membros da Sociedade e pelo simples fato de os serem".
(34) FREITAS, 2002, p. 155.

O Supremo Tribunal Federal, a propósito dessas duas interpretações, resolveu qual a verdadeira extensão que deve ser dada ao art. 173, § 1º, da Carta Política, acabando de vez com a controvérsia gerada sobre qual entendimento estaria condizente com a nova ordem Constitucional. As decisões são duas: a primeira, proferida no denominado caso "Caso TELMA LEITE DE MORAIS[35], e a outra envolvendo a Companhia Paranaense de Energia Elétrica – COPEL[36], as quais passa-se a examinar.

A ementa da primeira decisão está vazada nos seguintes termos:

> MANDADO DE SEGURANÇA N. 21.322-1 — DISTRITO FEDERAL — TRIBUNAL PLENO. IMPETRANTES: Telma Leite Morais e Outro; IMPETRADO: Tribunal de Contas da União (DJ 23.04.1993)
>
> EMENTA: CARGOS E EMPREGOS PÚBLICOS. ADMINISTRAÇÃO PÚBLICA DIRETA, INDIRETA E FUNDACIONAL. ACESSIBILIDADE. CONCURSO PÚBLICO.
>
> A acessibilidade aos cargos públicos a todos os brasileiros, nos termos da Lei e mediante concurso público é princípio constitucional explícito, desde 1934, art. 168.
>
> Embora cronicamente sofismado, mercê de expediente destinados a iludir a regra, não só foi reafirmado pela Constituição, como ampliado, para alcançar os empregos públicos, art. 37, I e II.
>
> Pela vigente ordem constitucional, em regra, o acesso aos empregos públicos opera-se mediante concurso público, que não pode ser de igual conteúdo, mas há de ser público.
>
> As autarquias, empresas públicas ou sociedades de economia mista estão sujeitas à regra, que envolve a administração direta, indireta ou fundacional, de qualquer dos poderes da União, dos Estados, do Distrito Federal e dos Municípios.
>
> Sociedade de economia mista destinada a explorar atividade econômica está igualmente sujeita a esse princípio, que não colide com o expresso no art. 173, § 1º.
>
> Exceções ao princípio, se existem, estão na própria Constituição.

---

(35) Supremo Tribunal Federal, Mandado de Segurança 21.322-1DF, Relator: Ministro Paulo Brossard, maioria, vencido o Min. Marco Aurélio, publicado no Diário da Justiça da União de 23.4.1993.
(36) Supremo Tribunal Federal, Recurso Extraordinário n. 130.206, 1ª Turma, publicado no Diário da Justiça da União de 22.11.1991.

O mandado de segurança impetrado por Telma Leite de Morais tinha por objeto anular decisão do Tribunal de Contas da União, que determinou a dispensa dos impetrantes dos quadros da Companhia Docas do Ceará, por terem sido contratados sem concurso público, já na vigência da Constituição Federal de 1988. Foi no julgado acima ementado que o SupremoTribunal Federal pôde examinar acuradamente a melhor interpretação a ser conferida ao art. 173, § 1º, da Constituição Federal de 1988. Do voto do Ministro Paulo Brossard, extraem-se os seguintes ensinamentos:

> Assim, parece-me que o conceito constitucional de "Administração Pública indireta" abrange as empresas públicas e sociedade de economia mista, sejam elas prestadoras de serviço público ou de atividade econômica de natureza privada.
>
> [...]
>
> Em outras palavras, a sociedade de economia mista vinculada à exploração de natureza econômica não está desobrigada de observar o preceito constitucional que prescreve o concurso público para o provimento dos empregos públicos, mas está a ele sujeita; este entendimento em nada conflita com o disposto no § 1º do artigo 173, da Constituição, que tem outro endereço e outro alcance, nada interferindo com a forma de provimento dos empregos da entidade.

Diante de tal forma de decidir, indene de dúvida é que o tribunal responsável pela interpretação da Constituição impôs à sociedade de economia mista a observância de toda cadeia principiológica constante do art. 37, bem como de outros princípios que se encontram no Corpo Constitucional ou em leis infraconstitucionais, ressalvadas apenas algumas regras específicas, devidamente excepcionadas pela própria Lei Maior. Conclui-se, então, que, se a Constituição quisesse excluir a sociedade de economia mista do dever de motivar seus atos de despedida, tê-lo-ia feito expressamente.

Colhem-se ainda do mencionado julgado as lições do Ministro *Celso de Mello*:

> Esse preceito (art. 173) veicula norma de equiparação, que visa deslegitimar qualquer deliberação do Poder Público que, ao conferir privilégio a entidades paraestatais que explorem atividade econômica, importe em tratamento discriminatório incompatível

SOCIEDADE DE ECONOMIA MISTA & DESPEDIDA IMOTIVADA 149

com os postulados constitucionais da livre iniciativa e da livre concorrência entre os diversos agentes econômicos. [...]

Igual orientação é perfilhada, no ponto, por Manoel Gonçalves Ferreira Filho para quem o objetivo da norma equiparadora é o de impedir tratamento seletivo que, privilegiando as entidades paraestatais, resulte em prejuízo para as empresas privadas, com inadmissível vulneração ao postulado da liberdade de iniciativa empresarial, que constitui, no quadro normativo delineado pela Carta da República, um dos princípios estruturadores da própria ordem econômica.

Sendo esse o telos da norma inscrita no art. 173, § 1º, da Carta Política, torna-se clara a impossibilidade de sua pertinente invocação para legitimar, no que concerne as relações internas da entidade paraestatal com seus próprios empregados, a dispensa de prova seletiva pública, de realização sempre necessária, para o efeito específico de composição do seu quadro de pessoal.

O entendimento do Supremo acerca do art. 173 é evitar privilégios e prerrogativas ao Poder Público, quando no exercício de uma atividade econômica, pois se nesse ponto não fosse equiparado ao particular estaria violando outra norma constitucional, a que cuida da livre iniciativa (CF, art. 1º, IV e o art. 3º).

Nesse mesma linha, o Ministro Octavio Gallotti, presidente à época do STF, assim manifestou-se:

> O art. 37 da Constituição Federal abrange, nos postulados que enumera, não apenas a administração direta, fundacional e autárquica da União, mas também toda a administração indireta, da qual fazem parte — como bem salientou o eminente Relator — segundo a legislação ordinária e pela tradição de nosso Direito Administrativo, as sociedades de economia mista. É o caso da Companhia Docas do Ceará.
>
> A dois, pelo menos, desses postulados do art. 37, a impessoalidade e a moralidade da administração — estão ligados os incisos I e II desse dispositivo, que exigem o concurso público para o provimento dos cargos e não só dos cargos: referem-se, ainda, esse incisos, expressamente, a cargo e emprego [...] Por outro lado, o art. 173 não ilide, a meu ver, a exigência do concurso. A motivação dessa norma é eliminar a concorrência ruinosa das empresas públicas, com a atividade privada. A realização de um concurso

público jamais seria o meio de prejudicar essa competição, mesmo porque as empresas privadas não estão impedidas de realizar processo seletivos que entenderem necessários à admissão de seu pessoal.

Segundo *Ney José de Freitas*[37], citando Carlos Ari Sundfeld, a interpretação dada pelo Supremo Tribunal Federal ao art. 173, § 1º, da CF, nos autos do caso Telma de Leite de Morais, põe por terra o entendimento de alguns doutrinadores no sentido de que as empresas estatais, sobretudo de intervenção no domínio econômico, por se filiarem ao regime privatista, estariam excluídas dos deveres de licitar, de promover concurso público, de motivar seus atos, de expedir certidões, ou de observar normas legais sobre limites de despesa com folha de salários. E conclui: "a essa tese, nossa Suprema Corte disse não." Ou seja, inexiste previsão legal de possibilidade de despedida imotivada no ordenamento pátrio para sociedade de economia mista. *A contrario sensu*, existe norma específica, Lei n. 9.784/99, que dispõe sobre a necessidade de realização de processo administrativo e a observância do princípio da motivação nos atos praticados pela sociedade de economia mista. Pensamento diverso é violação expressa ao princípio da legalidade.

Quanto ao segundo *decisum* do Supremo Tribunal Federal, que trata da extensão da interpretação do art. 173, § 1º, é esta a dicção da ementa produzida nos autos do Recurso Extraordinário n. 1302062/210, conhecido como caso COPEL:

> RECURSO EXTRAORDINÁRIO N. 01302062/210 — PRIMEIRA TURMA — RECORRENTE: Companhia Paranaense de Energia — COPEL; RECORRIDO: Carlos Alberto dos Reis Guimarães e Outros.
>
> EMENTA: CONSTITUCIONAL. TRABALHISTA. NULIDADE DE ATO DE DESPEDIDA DE EMPREGADOS DE SOCIEDADE DE ECONOMIA MISTA, POR RAZÕES DE ORDEM POLÍTICO-PARTIDÁRIA. VIOLAÇÃO DO ART. 153, §§ 1º, 5º, 6º E 8º, DA CF/69 (DJU 22.11.1991).
>
> Decisão incensurável, por haver-se configurado flagrante violação ao princípio da liberdade de convicção política, constitucionalmente consagrado, ao qual estão especialmente adstritos os entes da Administração Pública. Recurso não conhecido.

---

(37) FREITAS, 2002, p. 154-155.

SOCIEDADE DE ECONOMIA MISTA & DESPEDIDA IMOTIVADA

O processo da COPEL tratava de ato de despedida de empregado sem justa causa, com o pagamento regular de verbas rescisórias, em que o trabalhador alegava a existência de abuso de direito, uma vez que a sua despedida teria ocorrido em face de sua filiação partidária. O ponto nodal da questão envolvia o exame da possibilidade de o empregador estar autorizado ou não a promover despedida imotivada em face do seu poder potestativo

O Ministro Ilmar Galvão assim firmou seu entendimento no corpo do seu voto:

> No caso dos autos, essa assertiva ainda se reforça pela circunstância de ser a recorrente sociedade de economia mista estadual e, conseqüentemente, ente integrante da Administração Pública, cujos atos, por isso mesmo, hão de orientar-se no sentido do atendimento do interesse público e da observância mais rigorosa dos princípios e normas que integram o sistema jurídico. Não é dado aos administradores das sociedades da espécie sobrepor os próprios interesses ou de facções que representam, aos interesses da empresa e de seus empregados, principalmente ao arrepio de normas constitucionais de proteção às liberdades públicas e em flagrante desvio de finalidade.

No mesmo diapasão, o Ministro Celso de Mello enfatizou:

> O caráter potestativo do direito de despedir o empregado não se sobrepõe — não pode sobrepor-se — a quanto prescreve a Lei Fundamental da República no quadro das liberdades do pensamento.
>
> A decisão plenária do Tribunal Superior do Trabalho — objeto do presente Recurso Extraordinário — limitou-se a conferir a efetividade a um dos postulados fundamentais de nossa ordem constitucional.
>
> Desde que é plena a submissão de todos — das empresas, inclusive — à normatividade plasmada na Constituição, não pode o empregador, especialmente quando assume a forma paraestatal de sociedade de economia mista (que é instrumento de atuação do Poder Público), elastecer o seu arbítrio, a ponto de despedir o seus empregados por motivos hostis e colidentes com o dever de respeito que o ordenamento constitucional impõe a todos, sem exceção, no plano das liberdades do pensamento.

Ora se o poder postestativo não pode se sobrepor ao que prescreve a Lei Fundamental, resta evidente que tal poder não pode infirmar os princípios constantes no seu art. 37, *caput*, mormente o da legalidade, da moralidade e da impessoalidade.

A impessoalidade consiste na orientação obrigatória que a Administração deve ter quanto ao interesse público, afastadas todas e quaisquer inclinações ou interesses pessoais. Há de ser demonstrada a relação entre a finalidade buscada pelo legislador e os princípios do sistema legal, sob pena de inconstitucionalidade. Admitir-se a possibilidade de demissão sem apresentação dos motivos justificadores do ato de despedida é violação expressa a tal princípio, pois só existe uma forma de aferir-se sobre a legalidade do ato — é examinando-se os seus motivos. Ato de despedida imotivado é nulo de pleno direito.

Nas palavras de *Carlos Ari Sundfeld*, citado pelo Juiz *Ney José de Freitas*[38], o Supremo Tribunal Federal, ao resolver o litigo envolvendo a COPEL, enunciou duas normas: a primeira, no sentido de que o exercício abusivo, pelo empregador, do poder de despedir sem justa causa implica nulidade do ato demissório. A segunda proclama que a existência de interesse público é requisito de validade do ato de dispensa; ou seja, é imperioso motivar para que se possa aferir a validade do ato, se ele foi praticado sem desvios ou abusos por parte do administrador.

Os empregados públicos integrantes da Administração direta, autárquica e fundacional, se beneficiários do art. 41 da CF/88, gozam de estabilidade (Súmula n. 390 do TST), só podendo ser demitidos mediante instauração de processo administrativo previsto na Lei n. 9.784/99.

Mais uma vez buscando legitimação nas palavras do mestre e juiz *Ney José Freitas*, para abono da tese defendida, mesmo na hipótese de admitir-se a limitação a estabilidade aos ocupantes de cargo de provimento efetivo, ou seja, aos beneficiários do regime estatutário, "remanesce a possibilidade concreta de garantia de emprego, por força da incidência inafastável do princípio da motivação como requisito de validade do ato administrativo de dispensa de empregado público"[39].

Na lição de *Judicael Sudário de Pinho*, citando *Agustín Gordillo*, indene de dúvidas é que os atos praticados pelas sociedades de economia mista — relacionados à vida funcional dos empregados públicos de uma empresa estatal — são, na vigência da Constituição de

---

(38) FREITAS, 2002, p. 155-156.
(39) *Ibid.*, p. 156.

1988, atos administrativos, porque, além das exigências constantes da legislação trabalhista, é o Direito Administrativo que lhes governa as condições de válida produção, de sorte que o controle deles se faz à moda do que corresponde aos atos administrativos em geral, inclusive com argüição dos mesmos vícios[40].

De outra banda, sendo a administração encarregada de cuidar dos interesses de toda a coletividade, ela não tem sobre esses bens disponibilidade que lhe confira o direito de tratar desigualmente aqueles cujos interesses representa, sobretudo em franca violação à Constituição Federal. Sendo o interesse público indisponível, a conseqüência é que a todos os administrados devem ser dados tratamentos igualitários.

A rescisão do contrato de trabalho sem motivação é uma anomalia aos princípios do Direito do Trabalho, nos quais a continuidade da relação de emprego é pressuposto básico num Estado Democrático de Direito. De fato, há uma tendência equivocada, completamente contrária aos direitos sociais insertos na Carta Política de 1988, de que a resilição contratual seria perfeitamente permitida, uma vez que o ordenamento brasileiro não traz norma explícita asseguradora da estabilidade.

Ora, tal asserção é por demais primária, pois o termo estabilidade pode ser visto sob duas formas: absoluta e relativa. A última espécie de estabilidade divide-se em própria e imprópria. De uma forma geral, os contratos de trabalho nas empresas estatais, de que a sociedade de economia mista faz parte, não gozam de estabilidade absoluta, no sentido de que só é permitido o desfazimento da relação mediante decisão judicial, precedida do devido processo administrativo. No que se refere às estabilidades impróprias, nas quais podem ser incluídas as abarcadas pelas sociedades de economia mista, são relevantes as colocações feitas por *Judicael Sudário de Pinho* acerca dessas relações jurídicas:

> Assim como elas se plasmam no interesse impessoal do homogêneo social, só se pode desfazer em obediência aos mesmos princípios da conveniência pública. E isso tem de ser explicitado em ato formal específico, como requisito de validade do ato administrativo de dispensa. Assim, a despedida dos empregados das empresas estatais não poderá, jamais acontecer com aquele

---

(40) GORDILLO, 1979 *apud* PINHO, 1999, p. 93.

informalismo das contratações comuns. Nesse caso, o contrato de trabalho só poderá ser declarado rompido por força de ato administrativo motivado, com justificação relevante, mediante processo em que se assegure ao empregado a garantia do contraditório e da ampla defesa, de molde a que a sua despedida se sobreleve à fidúcia e à natureza permanente do serviço, como o são aqueles em que o interesse púbico é predominante.[41]

Em abono de sua tese, cita passagem retirada da obra "Regime Constitucional dos Servidores da Administração Direta e Indireta", de autoria de *Celso Antônio Bandeira de Mello*:

> Posto que não é livre a admissão de pessoal nas entidades de direito privado pertencente à Administratação indireta, também não irrestritamente livre o desligamento de seus servidores. Embora não disponham da garantia da estabilidade após dois anos, característica do regime de cargo, próprio da administração direta, das autarquias e das fundações públicas, como adiante se verá, não podem ser dispensados ao bel-prazer dos dirigentes destas entidades. Para serem desligados é preciso que haja uma causa de interesse público demonstrável. A razão é óbvia, e não deriva tão-somente do fato de ingressarem por concurso, circunstância que apenas reforça os motivos em seguida expostos. É que as pessoas da Administração indireta são, acima de tudo e especificamente, apenas instrumentos de ação do Estado. São sujeitos concebidos e criados para auxiliarem-no a cumprir as atividades reputadas de interesse da coletividade e não atividades desenvolvidas para satisfação do interesse particular de A, B ou C. Assim, a personalidade de direito privado que se lhes confira corresponde meramente a uma técnica considerada prestante para o adequado desempenho de suas missões, as quais, entretanto, transcendem interesses individuais, particulares. A adoção dessa técnica não significa, pois, que se desnature o caráter essencial delas: a de coadjuvantes do Poder Público, como seres integrantes na totalidade de seu corpo administrativo. Segue-se que tais sujeitos são cumpridores de função.[42]

---

(41) PINHO, 1999, p. 93.
(42) MELLO, 1991, *apud* Pinho, *op. cit.*, p. 95.

Sobre o tema, vale ressaltar o entendimento do egrégio Tribunal Regional do Trabalho da 7ª Região, proferido nos autos do Processo TRT n. 3.511/93, no qual figuram como partes: Recorrente: José Bezerra dos Reis; Recorrida: Companhia Energética do Ceará — COELCE, decisão publicada no DJE/CE de 18.1.1994:

> SERVIDORES DE ECONOMIA MISTA (Demissão nula, quando sem justa causa). Em se tratando de sociedade de economia mista, integrante da administração indireta do Estado, a acionada está sujeita, dentre outros, ao princípio da legalidade, inscrito no art. 37, *caput*, da Lei Maior, segundo o qual todo ato administrativo, para ser legal e moral, tem que ser motivado, sob pena de invalidade.

O entendimento ora defendido não exclui a aplicação do art. 173, § 1º, II, da Constituição Federal, significando dizer que se deve procurar a melhor forma de interpretá-lo, sem ferir o mandamento legal do art. 37 da Lei Maior. Daí por que, em respeito aos princípios constitucionais que regem a Administração Pública, assim como às normas específicas do Direito do Trabalho, os empregados das sociedades de economia mista devem ser reintegrados aos seus empregos quando porventura demitidos imotivadamente.

Nunca é muito lembrar que os empregados da sociedade de economia mista (prestadora de serviço público ou que explorem atividade econômica), desde que admitidos por concurso, somente podem ser despedidos em face de interesse público, concretamente, aferível, mediante motivação clara, suficiente e adequada do ato de dispensa.

Conclui-se, portanto, que assiste razão aos defensores da tese da motivação dos atos de despedida das sociedades de economia mista, entre os quais se inclui a subscritora da presente dissertação, a qual, além de contar com todo o apoio doutrinário citado, dispõe a seu favor do entendimento sedimentado pelo Supremo Tribunal Federal, nos acórdãos STF-TP — Mandado de Segurança n. 21.322-1-DF e Recurso Extraordinário n. 1302062/210, órgão de cúpula responsável pela última palavra sobre as questões constitucionais no Brasil, no sentido de que as sociedades de economia mista estão submetidas às regras e aos princípios da ordem jurídico-constitucional, razão pela qual devem motivar os atos de despedida de seus empregados.

CONCLUSÃO

O presente trabalho visou trazer o conceito, a natureza jurídica e o regime jurídico das sociedades de economia mista, com o escopo principal de demonstrar, ao final, a necessidade de motivação dos atos de despedida nas sociedades de economia mista.

A propósito do conceito, pode-se afirmar que são seus elementos caracterizadores: I — reunião de aporte de capital público e privado; II — representação na direção da sociedade por ambas as partes que participam do capital (co-gestão); III — compatibilização do interesse público e do privado, sem descurar da preocupação em manter a empresa sólida e comprometida com a rentabilidade condizente com a remuneração do capital investido (lucratividade); IV — autorização por lei especial.

Diante dos elementos há pouco inventariados, fica fácil concluir, corroborando *Hely Lopes Meirelles*, que as sociedades de economia mista são pessoas jurídicas de direito privado, com *participação do Poder Público* e de *particulares no seu capital* e na sua *administração*, para a realização de atividade econômica ou serviço público outorgado pelo Estado. Revestem a forma das empresas particulares, admitem *lucro* e regem-se pelas normas das sociedades mercantis, com as adaptações impostas pelas *leis que autorizam sua criação e funcionamento*. São entidades que integram a Administração indireta do Estado, como instrumentos de descentralização de seus serviços.

Quanto à natureza jurídica das sociedades de economia mista, as controvérsias doutrinárias pacificaram-se principalmente após 1967, primeiro porque a Constituição no art. 170, § 2º, determinava a sua submissão ao direito privado; segundo, tendo em vista o conceito contido no art. 5º, II e III, do Decreto-lei n. 200/67.

Segundo *Maria Sylvia Zanella di Pietro*, porém, "o regime jurídico é híbrido, porque o direito privado é parcialmente derrogado pelo direito público". O fato de gozarem de personalidade de direito privado retiraria a dúvida sobre qual legislação é aplicável, daí por que a citada autora conclui que o direito a ela aplicável "será sempre o direito privado, a não ser que se esteja na presença de norma expressa de direito público".

Quanto ao regime jurídico, dispõe o art. 173, § 1º da Constituição Federal de 1988, que as sociedades de economia mista que explorem atividade econômica sujeitam-se "ao regime jurídico próprio das empresas privadas, inclusive quanto aos direitos e obrigações civis e comerciais, trabalhistas e tributárias", ou seja, estão sujeitas às normas de direito privado.

Consoante já afirmado, por força de lei, as sociedades de economia mista, como auxiliares do Estado, têm dupla natureza: a primeira vem expressa no *caput* do art. 173, primeira parte, quando determina que, ressalvados os casos previstos na Constituição Federal, as sociedades de economia mista, em caráter suplementar, ou seja, só quando necessário para atender os imperativos da segurança nacional, poderão explorar atividades econômicas; a segunda, como prestadoras de serviço público, quando for de relevante interesse coletivo (CF, art. 173, *caput,* segunda parte).

Quanto às primeiras entidades, sociedades de economia mista que exercem atividade econômica, conforme entendimento de *Celso Antônio Bandeira de Mello*, o regime jurídico que mais se aproxima de tais pessoas é o direito privado, aplicável à generalidade das pessoas de direito privado. "Seja pela natureza do objeto de sua ação, seja para prevenir que desfrutem de situação vantajosa em relação a empresas privadas — às quais cabem a senhoria no campo econômico".[1]

Apesar da submissão das sociedades de economia mista às disciplinas das entidades de direito privado, conforme preceitua o art. 173, §, II, da Constituição Federal, contudo, é importante lembrar que tal afirmativa está carregada de um certo exagero, pois a própria Constituição cuida, em diversos outros artigos, de "desmentir-se", conforme afirmado por *Celso Antônio Bandeira de Mello*.

Quanto às sociedades de economia mista prestadoras de serviço público ou quando criadas para desenvolver quaisquer atividades de índole pública propriamente dita (como promover a realização de obras públicas), aplicam-se com maior predominância as normas de direito público.

---

(1) MELLO, 2003, p. 184.

SOCIEDADE DE ECONOMIA MISTA & DESPEDIDA IMOTIVADA

Vê-se, por conseguinte, que a regra geral é a aplicação, às sociedades de economia mista, das normas de direito privado. Tais normas, entretanto, por força da própria Constituição Federal, não podem ser aplicadas em todas as hipóteses, até porque ela própria cuida de derrogar certas normas de direito privado, como a realização de concurso público para o acesso a cargo ou emprego público. Daí por que entende-se que o regime jurídico a elas aplicável será o misto entre público e privado, mais conhecido na doutrina como "híbrido".

Quanto à extinção das sociedades de economia mista, considerando sua criação por lei, somente por lei poderão ser extintas. Quando se tratar de exploradoras de atividade econômica, a falência será como de outra entidade qualquer, haja vista que a Constituição prevê no art. 173, § 1º, II, sua sujeição ao "regime jurídico próprio das empresas privadas, inclusive quanto aos direitos e obrigações civis, comerciais ...". Quando, porém, forem prestadoras de serviço público ou obra pública, os bens são afetados ao serviço e as obras são bens públicos, não podendo, portanto, ser penhorados e vendidos em hasta pública, uma vez que referidos bens são importantes para o cumprimento dos interesses públicos.

Com efeito, o ingresso nas sociedades de economia mista, por força do art. 37, da Constituição Federal de 1988, depende de prévia aprovação em concurso público de provas ou de provas e títulos, ressalvadas as nomeações para cargo em comissão. Assim como não é livre, todavia, para contratar, não se há de admitir uma liberdade total dos dirigentes da entidade com a liberdade que, em princípio, goza o empregador de uma empresa particular. Há de existir um motivo justificador da dispensa pretendida sob pena e malferimento de outros princípios.

Foi na busca, porém, de encontrar a melhor solução para os questionamentos propostos que se foi buscar no estudo sobre a normatividade dos princípios a solução, se não a definitiva, pelo menos a que poderá em muito contribuir na solução dos conflitos.

Nessa linha, sustenta-se que o princípio seja expresso numa formulação legislativa ou, ao contrário, implícito ou latente num ordenamento, constitui-se em norma aplicável como regra de determinados comportamentos públicos ou privados.

A propósito da normatividade dos princípios, vale lembrar que ela percorreu três fases: a jusnaturalista, a positivista e a pós-positivista.

A corrente jusnaturalista entende os princípios gerais de Direito como "axiomas jurídicos" ou "normas estabelecidas pela reta razão"; são, enfim, um conjunto de verdades objetivas derivadas da lei divina e humana. Esta corrente, por força desta sua formulação axiomática, foi levada ao descrédito por alguns.

A concepção positivista ou histórica dos princípios gerais do Direito equivalem aos princípios que informam o Direito positivo e lhe servem de fundamento.

Com a chegada da terceira fase, do pós-positivismo, os princípios passaram a ser tratados como Direito. Esta fase coincide, igualmente, com a promulgação de outras constituições, quando foi acentuada a hegemonia axiológica dos princípios, convertidos em pedestal normativo sobre o qual assenta todo o edifício jurídico dos novos sistemas constitucionais.

Compreendidos os princípios como mandamentos de otimização, a sua principal característica consiste em tais mandamentos poderem ser cumpridos em distintos graus. As regras são normas que podem sempre ser cumpridas ou não, e, quando uma regra vale, então se há de fazer exatamente o que ela exige ou determina. Nem mais, nem menos. O princípio assim, entretanto, não deve ser entendido, pois pode ocorrer que continue válido para aquela hipótese *in concreto*; todavia, existe um outro princípio que é mais aplicável àquele caso, e, nem por isso perdeu sua validade.

Sobre o conflito de princípios, ou seja, se algo é vedado por um princípio, mas, permitido por outro, um dos princípios deve recuar; isto, porém, não significando que o princípio do qual se abre mão seja declarado nulo, nem que uma cláusula de exceção nele se introduza.

Significa dizer que, em determinadas circunstâncias, um princípio cede ao outro ou que, em situações distintas, a questão de prevalência pode se resolver de forma contrária. Diante da prevalência de princípio sobre o outro, pode-se concluir que os princípios têm um peso diferente nos casos concretos, e que o princípio de maior peso é o que prepondera.

Os conflitos de regras, contudo, ocorrem na dimensão da validade, ao passo que a colisão de princípios transcorre fora da dimensão da validade, ou seja, na dimensão do peso, isto é, do valor.

Vale ressaltar, ainda, que, após a constitucionalização do princípio, ele poderá ser utilizado pelo operador do Direito como o "coringa" para a solução das querelas no exercício da jurisdição.

Com efeito, segundo os ensinamentos ofertados pelo eminente constitucionalista, *Paulo Bonavides*[2], não há distinção entre princípios e normas, pois os princípios são dotados de normatividade. As normas compreendem regras e princípios e a distinção relevante não é, como nos primórdios da doutrina, entre princípios e normas; mas, entre regras e princípios, sendo as normas o gênero e as regras e os princípios a espécie.

A normatividade dos princípios, segundo esse Jurista, caminha para o passo final da incursão teórica: a demonstração do reconhecimento da superioridade e hegemonia dos princípios na pirâmide normativa; supremacia que não é unicamente formal, mas, sobretudo, material, e apenas possível na medida em que os princípios são compreendidos e equiparados e até mesmo confundidos com os valores, sendo, na ordem constitucional dos ordenamentos jurídicos, a expressão mais alta da normatividade que fundamenta a organização do poder.

Podemos concluir que, após a normatização dos princípios, passaram eles a lograr de eficácia positiva, sendo seu principal efeito a obrigatoriedade de sua observação na formalização dos atos administrativos, haja vista sua elevação em *norma normarum*, nas palavras do constitucionalista *Paulo Bonavides*, ou seja, norma das normas.

Restou demonstrado, ainda, que os princípios administrativos são postulados fundamentais que regulam todo o modo de agir da Administração Pública. E, como valores que o são, norteiam a conduta do Estado quando no exercício de atividades administrativas.

Os princípios do processo administrativo consistem em fórmulas gerais que condicionam e orientam a compreensão dos problemas fáticos e que permitem a correta aplicação da lei. Deve ser preservado o interesse público; mas, não pode ocorrer a violação dos direitos dos administrados ou dos empregados/servidores públicos, para que não impere o arbítrio em vez do Estado de Direito.

Conforme já registrado, não são unânimes os autores na classificação do rol de princípios do processo administrativo, todavia, tentou-se de forma didática e simples, trazer a classificação mais adequada à solução do problema em estudo. No caso, foi demonstrada a submissão da sociedade de economia mista aos princípios da Administração Pública

---

(2) BONAVIDES, 2000, pp. 260-261.

à luz da Constituição Federal e da Lei n. 9.784/99; além do que, como restou demonstrado, a conseqüência principal da normatividade de tais princípios é a sua obrigatoriedade, uma vez que foram elevados, segundo *Paulo Bonavides* a *norma normarum*.

Apesar de todo este poder alçado aos princípios positivados, após a promulgação da Constituição Federal de 1988, surgiram diversos questionamentos levados à apreciação do Poder Judiciário Trabalhista por empregados públicos de empresas estatais que foram demitidos de seus empregos imotivadamente, sob o argumento de que o art. 173, § 1º, II, pelo fato de sujeitarem as sociedades de economia mista ao regime jurídico das empresas privadas, estariam livres para despedir sem justa causa.

Em contrapartida, os empregados passaram a alegar que, por força do art. 37, *caput,* da Carta Política de 1988, não podem ter seus contratos de trabalho terminados sem a devida motivação, sem que lhe sejam assegurados os princípios ali insertos, tais como: o contraditório, a ampla defesa, o devido processo legal.

Resta fácil concluir que os princípios se dividem em duas categorias: a dos que assumem o caráter de idéias jurídicas norteadoras, postulando concretização na lei e na jurisprudência, e a dos que, não sendo apenas *ratio legis*, mas também, *lex*, cristalizam-se, desse modo, numa regra jurídica de aplicação imediata. Os princípios desprovidos do caráter de norma são princípios "abertos", ao passo que os segundos se apresentam como "princípios normativos".

E é, portanto, dentro dessa segunda categoria, princípios normativos, que se entende estar a solução do problema exposto. Com efeito, o art. 37 da Constituição Federal traz princípios constitucionais atinentes à Administração Pública direta, indireta e fundacional, enquanto a norma constante do art. 173, § 1º, inciso II, é apenas uma regra jurídica, que, na sua interpretação, deve receber o influxo dos princípios constitucionais da Administração Pública, uma vez que se trata de norma que diz respeito às empresas públicas e às sociedades de economia mista, entidades integrantes, por definição, da Administração Pública indireta.

Como diferente não poderia ser, no conflito entre o art. 37 e o art. 173 da Carta Política de 1988, há de prevalecer o primeiro, uma vez que o último é uma regra jurídica, sem qualquer força vinculativa quando em choque com a principiologia constitucional brasileira, conforme já demonstrado.

Repete-se, já não se discute o fato de que princípios são espécies de normas, cuja superioridade e hegemonia na pirâmide normativa se reconhece a partir de sua positivação nos textos constitucionais, rotulados de "normas-chaves de todo ordenamento jurídico" e considerados o "oxigênio das Constituições na época do pós-positivismo"[3].

Isto ocorre porque um dos princípios fundamentais da interpretação constitucional é o *princípio da unidade da Constituição*, segundo o qual as normas constitucionais devem ser interpretadas em conjunto, para evitar possíveis contradições com outras normas constitucionais. Pensar-se diferente é ferir os princípios regedores da Administração Pública, máxime aos da impessoalidade, da moralidade, do interesse público, da motivação e, de forma reflexa, o da dignidade da pessoa humana.

Por outro lado, no caso em estudo, o ato de despedida é praticado por um ente ligado à Administração Pública indireta, sociedade de economia mista, que se encontra jungida aos princípios constitucionais insertos no art. 37, da Carta Política, e ao regramento infraconstitucional imposto pela Lei n. 9.784, de 29.1.1999, que impõe a observância obrigatória de todos os ditames do regime jurídico do ato administrativo no exercício da função administrativa por parte dos entes da administração indireta. Indene é, portanto, de dúvida que o ato de despedida da sociedade de economia mista é ato administrativo.

Cabe registrar, ademais, que, ainda que houvesse a pretensão de incluir tais atos como de direito privado, como anacronicamente pretendem alguns, haja vista a imposição do regime de direito privado às relações trabalhistas do empregado de sociedade de economia mista (CF, art. 173, § 1º, II), sob a óptica de *Augustín Gordillo*[4], devem ser considerados atos administrativos, uma vez que "é o Direito Administrativo que lhes governa as condições de válida produção, de sorte que o controle deles se faz à moda do que corresponde aos atos administrativos, inclusive com a argüição dos mesmos vícios".

Reconhecida a natureza de ato administrativo, deve o ato de despedida observar não apenas os cinco elementos apontados pela doutrina majoritária como essenciais (competência, finalidade, forma, motivo e objeto); mas, também, deve essencialmente, seguindo tendência do Direito Administrativo moderno, apresentar os fundamentos fáticos e jurídicos que o embasam, ou seja, a motivação.

---

(3) MORAES, 1999, p. 105.
(4) GORDILLO, 1979 *apud* MELLO, 2003, p. 351.

No que concerne à compatibilização das regras trabalhistas com a motivação dos atos de despedida do empregado da sociedade de economia mista, restou demonstrada sua compatibilidade.

A propósito, é importante lembrar que as pessoas jurídicas de direito privado instituídas pelo Poder Público, como é o caso da sociedade de economia mista que integra a Administração Pública indireta, situam-se em ponto intermediário entre as entidades de direito público e as de direito privado instituídas por particulares, congregando características próprias do regime jurídico administrativo e outras de regime jurídico de Direito comum.

Diante desse fato, considerando que o interesse público indisponível predomina sobre o particular, a adoção pura e simples do regime jurídico privado seria contraproducente, haja vista que subtrairia das entidades da administração indireta determinadas prerrogativas que lhes são reconhecidas precisamente para permitir a consecução de seus fins; do mesmo modo que, ao lhes permitir atuar com autonomia de vontade, própria do direito privado, suprimir-se-iam as restrições legais que o direito público impõe e que constituem a garantia fundamental da moralidade administrativa e do respeito ao direito dos administrados. As normas de direito público que derrogam parcialmente o direito privado têm por objetivo assegurar o equilíbrio entre a posição de supremacia da Administração e a liberdade de atuação que caracteriza as pessoas jurídicas de direito privado.

Tais entes, não obstante possuam personalidade de direito privado, em razão de suas finalidades, submetem-se ao regime jurídico derrogatório do direito público, em seus aspectos essenciais. Significa dizer que se presume a aplicação do direito privado, desde que não haja norma publicística em contrário. Tudo isso ocorre em face da natureza híbrida da sociedade de economia mista.

Vê-se, por conseguinte, que a personalidade jurídica de direito privado não tem o condão de impedir a aplicação de certos princípios e normas ínsitos ao regime jurídico administrativo, cuja inobservância comprometeria objetivos basilares do Estado Democrático de Direito.

Urge salientar que, no tocante aos celetistas contratados pelas pessoas jurídicas com personalidade jurídica de direito público, existem normas assecuratórias de direitos peculiares ao exercício de suas funções, surgindo um regime diferenciado, harmonizando-se normas de Direito do Trabalho com normas de Direito Administrativo. Tanto isto é verdade que o Tribunal Superior do Trabalho, no tocante aos servidores celetistas da Administração direta, autárquica e fundacional, adotou o entendimento (OJ-SDI-2 n. 22 — cancelada em face da Súmula n. 390 — publicada em 20.4.2005) de que aos mencionados servidores se aplica a estabilidade prevista no art. 41 da Constituição Federal[5]. O TST adotou, todavia, entendimento (OJ-SDI-1 ns. 229 e 265 — canceladas em face da nova Súmula n. 390 do TST, publicada em 20.04.2005 e 247) diverso quanto aos empregados das sociedades de economia mista e das empresas públicas, ao determinar excluí-los da estabilidade do art. 41[6].

É fato, a Lei Maior determina, peremptoriamente, a obediência de todos os entes componentes da organização administrativa, seja da Administração direta ou da indireta, aos princípios constitucionais mencionados no art. 37. E, por força de que deve o Direito ser interpretado não de modo a que a ordem legal envolva um absurdo, prescreva inconveniências, levando a conclusões inconsistentes ou impossíveis, numa interpretação lógico-teleógico-sistemática dos dispositivos constitucionais envolvidos (CF, arts. 37 e 173, § 1º, II), urge sejam aplicados os preceitos do regime jurídico de Direito Administrativo, em especial de sua construção principiológica, para as relações laborais das empresas estatais.

---

(5) Orientação Jurisprudencial da SDI-2 (TST) n. 22: Ação rescisória. Estabilidade. Art. 41, CF/88. Celetista. Administração Direta, autárquica ou fundacional. Aplicabilidade. O servidor público celetista da administração direta, autárquica ou fundacional é beneficiário da estabilidade prevista no art. 41 da Constituição Federal.
(6) Orientação Jurisprudencial da SDI-1 (TST) n. 229: Estabilidade. Art. 41, CF/88. Celetista. Empresa pública e sociedade de economia mista. Inaplicável. Orientação Jurisprudencial da SDI-I (TST) n. 247 — Servidor público. Celetista concursado. Despedida imotivada. Empresa Pública ou Sociedade de Economia Mista. Possibilidade. Súmula TST n. 390 ESTABILIDADE. ART. 41 DA CF/1988. CELETISTA. ADMINISTRAÇÃO DIRETA, AUTÁRQUICA OU FUNDACIONAL. APLICABILIDADE. EMPREGADO DE EMPRESA PÚBLICA E SOCIEDADE DE ECONOMIA MISTA. INAPLICÁVEL. (conversão das Orientações Jurisprudenciais ns. 229 e 265 da SDI-1 e da Orientação Jurisprudencial n. 22 da SDI-2) — Res. n. 129/2005 — DJ 20.4.2005. I — O servidor público celetista da administração direta, autárquica ou fundacional é beneficiário da estabilidade prevista no art. 41 da CF/1988. (ex-OJ n. 265 da SDI-1 — Inserida em 27.9.2002 e ex-OJ n. 22 da SDI-2 — Inserida em 20.9.2000);
II — Ao empregado de empresa pública ou de sociedade de economia mista, ainda que admitido mediante aprovação em concurso público, não é garantida a estabilidade prevista no art. 41 da CF/1988. (ex-OJ n. 229 — Inserida em 20.6.2001, publicada no DJ de 20.4.2005).

Em face do exposto, no tocante aos empregados públicos, o regime trabalhista apresenta temperamentos constantes do regime jurídico administrativo, conferindo-lhe uma conformação *sui generis*, em consonância com os princípios constitucionais administrativos.

Se este fato (aplicação do regime jurídico administrativo de forma excepcional para solucionar a questão) não fosse suficiente para demonstrar a compatibilização das regras trabalhistas com a necessidade de motivação dos atos de despedida da sociedade de economia mista, foi demonstrado que existe diferença entre dispensa arbitrária ou sem justa causa, com vistas a reforçar o argumento de que a validade do ato de despedida do empregado público também se condiciona à motivação.

Para o presente estudo, acolhe-se o conceito de dispensa arbitrária previsto no art. 165, da Consolidação das Leis do Trabalho, o qual dispõe que se entende "por tal a que não se funda em motivo disciplinar, técnico, econômico ou financeiro". Significa dizer, há dispensa arbitrária quando o ato de despedida não se fundamenta em razões de interesse objetivo da empresa ou em atitude ilícita do empregado ao descumprir os seus deveres funcionais (justa causa).

É simplório o argumento de que o ato de dispensa pode ser imotivado em face de revestir-se o empregador da faculdade de informar como pretende seja dirigido o seu negócio, o tal falado poder potestativo. Isto não se faz totalmente verdadeiro, uma vez que a perda do emprego tem uma dimensão que transcende a esfera jurídica. Pode-se dizer que ela atinge a subsistência de uma pessoa, de sua família e de seus dependentes econômicos. Assim, não pode ser disciplinada segundo um princípio de plena liberdade de uma das partes, o empregador, porque o uso indiscriminado do poder de despedir pode assumir proporções que afetam o sentido de justiça social, valor fundamental que deve presidir as relações coletivas e individuais de trabalho.

A Carta Política do Brasil de 1988, no art. 7º, I, objetivando cumprir um de seus primados fundamentais — distribuição de justiça social — expressou a proteção da relação de emprego contra a dispensa arbitrária.

É regra comezinha de hermenêutica que a norma não usa expressões inúteis. Portanto, é forçoso concluir que a Constituição Federal de 1988, ao fazer referência no inciso I, do art. 7º, a expressão "despedida arbitrária ou sem justa causa", quis dizer que dispensa arbitrária não seria sinônima da dispensa sem justa causa, como equivocadamente possa ser entendido.

Com fulcro no conceito legal de despedida arbitrária (a que não se funda em motivo disciplinar, técnico, econômico ou financeiro), pode-se compreender esta como espécie, da qual a dispensa sem justa causa seria o gênero. Esta caracterizar-se-ia pela ausência de motivos que justifiquem o ato de despedida.

Conclui-se, a solução pode ser resumida sob dois fundamentos: a) impossibilidade jurídica da dispensa sem justa causa, em face da derrogação operada pelo regime jurídico administrativo na relação de trabalho firmada entre Estado empregador e empregado público; e b) admite-se a possibilidade de dispensa sem justa causa, ressalvando, entretanto, o dever de motivação.

A vedação em absoluto de dispensa sem justa causa significaria igualar dispensa arbitrária à sem justa causa, o que não é uma verdade. Dispensa arbitrária é aquela que não apresenta causa/motivo (disciplinar, técnico, econômico ou financeiro), onde a despedida sem justa causa é o gênero. Vale dizer, toda despedida sem justa causa é arbitrária; mas, nem toda despedida arbitrária é sem justa causa. A despedida arbitrária não é imotivada. Logo, não se admite despedida sem um motivo que a ampare no âmbito das sociedades de economia mista regidas pelo regime jurídico híbrido, no qual as normas de direito privado, no caso a CLT, são derrogadas em face da imposição obrigatória dos princípios constitucionais[7].

Apesar da lógica e do peso dos argumentos ora expendidos, alguns julgados dos tribunais trabalhistas, acompanhando as Orientações Jurisprudenciais ns. 229 (convertida na Súmula do TST n. 390) e 247, da Seção de Dissídios Individuais do TST[8], admite indiscriminadamente a dispensa "imotivada" nestas empresas sufragando em um "suposto" direito potestativo de que estaria investido o administrador.

O entendimento do TST é dissonante em relação à jurisprudência mais abalizada do STF. A bem da verdade, é oportuno esclarecer que as interpretações infirmadas sobre a aplicabilidade do art. 173 da Constituição Federal são de duas ordens. Uma parte da doutrina sustentava que a aplicação do citado artigo tinha por fim proteger a sociedade de economia mista da burocracia imposta aos entes da Administração

---

(7) TEIXEIRA, 1998, pp. 147-154.
(8) Súmula TST n. 390 — ESTABILIDADE. ART. 41 DA CF/1988. CELETISTA. ADMINISTRAÇÃO DIRETA, AUTÁRQUICA OU FUNDACIONAL. APLICABILIDADE. EMPREGADO DE EMPRESA PÚBLICA E SOCIEDADE DE ECONOMIA MISTA. INAPLICÁVEL.

Pública, enquanto outra entendia que o objetivo da norma constitucional era impedir a concorrência desleal entre as empresas estatais e as empresas do setor privado.

As conseqüências advindas dessas duas interpretações são de duas ordens: a primeira delas tira do seu âmbito de incidência as sociedades de economia mista exploradoras de atividade econômica do Direito Administrativo para colocá-la sob os auspícios do direito privado, não se aplicando a elas prerrogativas (imunidade tributária, poderes de império nas relações contratuais), nem as sujeições administrativas (dever de licitar, de fazer concurso público, de motivar os atos de dispensa de empregados); quanto à segunda interpretação, ela apenas proíbe as benesses das prerrogativas públicas; todavia, obriga-as ao cumprimento das sujeições administrativas.

A propósito dessas duas interpretações, o Supremo Tribunal Federal resolveu qual a verdadeira extensão que deve ser dada ao art. 173, § 1º, da Carta Política, acabando de vez com a controvérsia gerada sobre qual entendimento estaria condizente com a nova ordem Constitucional. As decisões são duas: a primeira, proferida no denominado "Caso TELMA LEITE MORAIS[9], e a outra envolvendo a Companhia Paranaense de Energia Elétrica – COPEL[10], as quais foram devidamente dissecadas no corpo do presente trabalho.

Em síntese, os julgados referidos sedimentam entendimento do Supremo Tribunal Federal, órgão de cúpula responsável pela última palavra sobre as questões constitucionais no Brasil, no sentido de que não cabem mais controvérsias acerca da interpretação a ser extraída

---

(conversão das Orientações Jurisprudenciais ns. 229 e 265 da SDI-1 e da Orientação Jurisprudencial n. 22 da SDI-2) — Res. n. 129/2005 — DJ 20.4.2005. I — O servidor público celetista da administração direta, autárquica ou fundacional é beneficiário da estabilidade prevista no art. 41 da CF/1988. (ex-OJ n. 265 da SDI-1 — Inserida em 27.9.2002 e ex-OJ n. 22 da SDI-2 — Inserida em 20.9.2000).
II — Ao empregado de empresa pública ou de sociedade de economia mista, ainda que admitido mediante aprovação em concurso público, não é garantida a estabilidade prevista no art. 41 da CF/1988. (ex-OJ n. 229 — Inserida em 20.6.2001, publicada no DJ de 20.4.2005).
Orientação Jurisprudencial da SDI-I (TST) n. 247 — Servidor público. Celetista concursado. Despedida imotivada. Empresa Pública ou Sociedade de Economia Mista. Possibilidade.
(9) Supremo Tribunal Federal, Mandado de Segurança n. 21.322-1/DF, Relator: Ministro Paulo Brossard, maioria, vencido o Min. Marco Aurélio, publicado no Diário da Justiça da União de 23.4.1993.
(10) Supremo Tribunal Federal, Recurso Extraordinário n. 130.206, 1ª Turma, publicado no Diário da Justiça da União de 22.11.1991.

da aplicação conjunta dos arts. 37 e 173, § 1º, II, da Carta Magna de 1988. Tal entendimento deve ser no sentido de que as sociedades de economia mista estão submetidas às regras e aos princípios da ordem jurídico-constitucional, devendo, portanto, motivar os seus atos de despedida.

Dessarte, como diferente não poderia ser, por força do art. 173, § 1º, II, da *Lex Fundamentalis,* aplica-se às sociedades de economia mista o regime jurídico próprio da empresas privadas. Consoante já se manifestou o STF, porém, só será aplicado o regime jurídico privado onde não estiver expressamente derrogado por normas de ordem pública. Esta interpretação foi extraída do princípio da legalidade, segundo o qual toda atividade da Administração Pública encontra-se submetida às regras e princípios da ordem jurídico-constitucional. Entendimento contrário, *data venia*, origina-se de lentes embaçadas que olvidam que hoje o Direito vive a Era dos Princípios, assumindo estes posição hegemônica na pirâmide normativa.

Conclui-se, portanto, que a sociedade de economia mista pratica ato administrativo quando despede empregado público do seu quadro. Nesta hipótese, deve afastar-se do regime jurídico privado para dar lugar ao regime jurídico administrativo; sempre lembrando que, apesar das referidas sociedades estarem sujeitas às regras trabalhistas, por força da derrogação da norma privada pela pública, estão de igual forma obrigadas ao cumprimento dos princípios da Administração Pública e aos princípios que regem o processo administrativo, devendo, por conseguinte, motivar o ato de despedida de empregado pertencente ao seu quadro de pessoal.

REFERÊNCIAS BIBLIOGRÁFICAS

BARACHO, José Alfredo de Oliveira. O Enriquecimento Injusto como Princípio Geral de Direito Administrativo. *Revista de Direito Administrativo*, v. 3, p. 38, out./dez. 1997.

BARROSO, Luís Roberto. *Interpretação e aplicação da constituição*. São Paulo: Saraiva, 1996.

BASTOS, Celso Ribeiro. *Curso de direito constitucional*. 19. ed., São Paulo: Saraiva, 1992, p. 99.

BOBBIO, Norberto Bobio. *Teoria do ordenamento jurídico*. 6. ed., Brasília: Ed. UnB, 1995.

BONAVIDES, Paulo. *Ciência política*. São Paulo: Forense, 1983.

_____. *Curso de direito constitucional*. 9. ed., São Paulo: Malheiros, 2000.

BRASIL. *Códigos civil, comercial, processo civil e Constituição Federal*. São Paulo: Saraiva, 2005.

BRASIL. Ministério da Administração Federal e Reforma do Estado. *Plano diretor da reforma do aparelho do estado*. Brasília, 1995.

CANOTILHO, José Joaquim Gomes. *Direito constitucional e teoria da Constituição*. 3. ed., Coimbra: Livraria Almedina, 1991.

CARVALHO BRITO, Davis M. T. de. *Tratado das sociedades de economia mista*, Rio de Janeiro: José Konfino, 1969, v. 1.

CARVALHO FILHO, José dos Santos. *Manual de direito administrativo*. Rio de Janeiro: Freitas Bastos, 1997.

COSTA, Nelson Nery. *Processo administrativo e suas espécies*. Rio de Janeiro: Forense, 2000.

CRETELLA JÚNIOR, José. *Curso de direito administrativo*. 3. ed., Rio de Janeiro: Forense, 1971.

DI PIETRO, Maria Sylvia Zanella. *Direito administrativo*. 16. ed., São Paulo: Atlas, 2003, p. 383.

DURIGAN, Paulo Luiz. *Rescisão de contrato de trabalho em empresas paraestatais*. Disponível em: <http://www.apriori.com.br/artigos/demissão_paraestatais.shtml>. Acesso em: 20.fev.2005.

ESTORNINHO, Maria João do Rosário. *A fuga para o direito privado*. Coimbra: Livraria Almedina, 1999.

FALCÃO, Raimundo Bezerra. As sociedades anônimas. *Revista de Direito Público*. São Paulo, ano 10, ns. 51-52, pp. 316-318, jul./dez., 1979.

FERREIRA, Aurélio Buarque de Holanda. *Novo dicionário da língua portuguesa*. Rio de Janeiro: Nova Fronteira, 2001, p. 1138.

FIGUEIREDO, Lúcia Valle. *Curso de direito administrativo*. 2. ed., São Paulo: Malheiros, 1998.

FRANCO SOBRINHO, Manoel de Oliveira. *O Controle da moralidade administrativa*. São Paulo: Saraiva, 1974.

FREITAS, Ney José de. *Dispensa de empregado público e o princípio da motivação*. Curitiba: Juruá, 2002.

GASPARINI, Diógenes. *Direito administrativo*. 9. ed., São Paulo: Saraiva, 2004,

GRAU, Eros Roberto. *A ordem econômica na Constituição de 1988*. 2 ed., São Paulo: Revista dos Tribunais, 1991.

GUERRA FILHO, Willis Santiago. *Ensaios de teoria constitucional*. Fortaleza: Imprensa Universitária da UFC, 1989, p. 47.

HECK, Luiz Afonso. Hermenêutica da constituição econômica. *Revista de Informação Legislativa*, Brasília, v. 29, n. 113, pp. 22-28, jan./mar. 1992.

HESSE, Konrad. *Escritos de derecho constitucional*. 2. ed., Madri: Centro de Estudos Constitucionais, 1992.

LAMBERT, Francis. Tendências da reforma administrativa no Brasil. *Revista de Administração Pública*, v. 4, n. 1, p. 141, 1970.

MAGALHÃES FILHO, Glauco Barreira. *Hermenêutica e unidade axiológica da Constituição*. 2. ed., Belo Horizonte: Mandamentos, 2002.

MEDAUAR, Odete. *A processualidade no direito administrativo*. São Paulo: Revistas dos Tribunais, 1996.

_____. *Direito administrativo moderno*. São Paulo: Revistas dos Tribunais, 1996.

MEIRELLES, Hely Lopes. *Direito administrativo brasileiro*. 23. ed., São Paulo: Malheiros, 1999.

MELLO, Celso Antônio Bandeira de. *Curso de direito administrativo*. São Paulo: Malheiros, 2003.

_____. *Elementos de direito administrativo*. 2. ed., São Paulo: Revista dos Tribunais, 1990.

_____. Legalidade, motivo e motivação do ato administrativo. *Revista de Direito Público*, n. 90, pp. 57-58, 1991.

MENDONÇA, Maria Lírida Calou de Araújo e. *Entre o público e o privado:* as organizações sociais no Direito Administrativo brasileiro e participação democrática na Administração Pública. 2004. Tese (Doutorado) — Universidade Federal do Ceará, Recife, 2004.

MIRANDA Jorge, *Manual de direito constitucional*. 4. ed., Coimbra: Coimbra Ed., 1990.

MORAES, Germana de Oliveira. *Controle jurisdicional da Administração Pública*. São Paulo: Dialética, 1999.

_____. Obrigatoriedade de motivação explícita, clara, congruente e tempestiva dos atos administrativos. *Revista do Curso de Mestrado em Direito da UFC — Nomos*, Fortaleza — Edições UFC, v. 16, 17 e 18, n. 4-6, jan./dez. 1997/1999.

NOGUEIRA, Marco Aurélio. *As possibilidades da política*: idéias para a reforma democrática do Estado. São Paulo: Paz e Terra, 1992.

NUNES Rodrigues. *Dicionário jurídico rg – fenix*. 5. ed., São Paulo: Ed. Associados, 1997.

OLIVEIRA, Manfredo Araújo de. Filosofia política: de Hobbes a Marx. *Síntese*, v. 33, pp. 37-60, 1985.

PINHO, Judicael Sudário de. Da impossibilidade jurídica de livre despedimento de empregados nas empresas estatais na vigência da Constituição Federal de 1988. *In*: SOARES, Ronald; PINHO, Judicael Sudário de. *Estudos de direito do trabalho e direito processual do trabalho*: homenagem a Aderbal Nunes Freire. São Paulo: LTr, 1999, pp. 91-118, p. 100. Revista de Direito Administrativo, RJ, out./dez. 1997.

ROCHA, Carmen Lúcia Antunes. Do devido processo legal. *Revista de Informação Legislativa*, Brasília, ano 34, n. 136, p. 15, out./dez. 1997.

ROCHA, José Albuquerque. *Teoria geral do processo*. São Paulo: Malheiros, 1999.

TEIXEIRA, Sérgio Torres. *Proteção à relação de emprego*. São Paulo: LTr, 1998.

TEMER, Michel. *Elementos de direito constitucional*. 9. ed., São Paulo: Malheiros, 1992, p. 24.

WAHRLICH, Beatriz. A reforma administrativa no Brasil, experiência anterior, situação atual e perspectivas — uma apreciação geral. *Revista de Administração Pública*, Rio de Janeiro, v. 18 n. 1, pp. 49-59, jan./mar. 1984.

ZAGO, Lívia Maria Armentano Koenigstein. *O Princípio da impessoalidade*. Rio de Janeiro: Renovar, 2001.

Produção Gráfica e Editoração Eletrônica: **PETER FRITZ STROTBEK**
Capa: **ELIANA C. COSTA**
Impressão: **CROMOSETE**